Heike Führ lebt in Mainz, ist verwitwet und hat zwei erwachsene Kinder - seit fast neun Jahren lebt Seelenhund Smiley bei ihr.

Sie ist seit 1994 an Multiple Sklerose erkrankt und kennt deshalb die Sicht als Betroffene sehr gut und arbeitet seit über 10 Jahren als sehr erfolgreiche MS-Bloggerin und Autorin. Sie hat engen Kontakt zu anderen chronisch Kranken und kennt sich deshalb auch besonders gut aus.

Zur Information darüber führt sie eine Webseite, sowie die gleichnamige sehr lebendig laufende Facebook-Seite. Sie ist mittlerweile eine sehr erfahrene und routinierte Bloggerin und arbeitet für mehrere Projekte.

Sie hat bereits 18 MS-Begleitbücher, 2 Kinderbücher, pädagogische Bücher, sowie Kochbücher zur entzündungshemmenden Ernährungsform „Low Carb" geschrieben.

Des Weiteren informiert die aktive Bloggerin über CBD/Hanf und dessen Wirksamkeit.

Heike Führ ist ausgebildete Erzieherin mit vielen pädagogischen und psychologischen Fort- und Weiterbildungen mit dem Schwerpunkt „Pädagogische Psychologie". Sie belegte auch mehrere Kurse für „Yoga mit Kindern". Diese intensive Zeit und ihr pädagogisches Wissen prägen auch ihr Schreiben.

http://multiple-arts.com

Intimität

und Leidenschaft

entstehen nicht durch

das Fehlen von Kleidung,

sondern wenn wir es wagen,

unsere Seele zu entblößen.

-Sonja Ebner-

Heike Führ

Intimität ist mehr als Sex
Tipps und Infos
- auch für
chronisch Kranke

>Intimität ist mehr als Sex

Tipps und Info – auch für

chronische Kranke<

© April 2022 Heike Führ

© 2022 Herstellung und Verlag:

BoD – Books on Demand, Norderstedt

ISBN: 9783755758914

© 2022 Satz, Layout: Heike Führ

Cover-Foto: istock; Bildnachweis: Ibrakovic, https://www.istockphoto.com/

ISBN: 9783755758914

Bibliografische Information der Deutschen Nationalbibliothek: Die Deutsche Nationalbibliothek verzeichnet diese Publikation in der Deutschen Nationalbibliografie; detaillierte bibliografische Daten sind im Internet über http://dnb.de abrufbar. Printed in Germany

INHALTSVERZEICHNIS

S.   7 VORWORT

S. 12 CHRONISCH KRANK

S. 19 SEXUALITÄT

S. 19 Intimität ist mehr als Sex

S. 19 Sexualität – was ist das?

S. 23 Sexualität und Körperbehinderung

S. 28 Fakten

S. 35 Unsicherheiten im Umgang mit Sexualität

S. 40 Informationen zu sexuellen Störungen

S. 46 „Störungen" behandeln?

S. 47 Tabu-Brüche

S. 49 „Störungen" und LÖSUNGS-IDEEN

S. 60 Infos rund um die Sexualität

S. 63 INTIMITÄT

S. 66 Was ist echte Intimität?

S. 77 Viele Wege der Intimität

S. 80 Schwierigkeiten mit Intimität

S. 83 Sex UND Intimität

S. 84 Was ist Liebe in einer Paarbeziehung?

S. 89 EROTIK

S. 96 RUND UM SEXUALITÄT

5

S. 96 Verhütung

S. 97 Gefühle

S. 99 Angst und Sexualität

S. 104 KOMMUNIKATION

S. 114 Vorbereitung auf ein Gespräch

S. 118 Die ICH-Botschaft

S. 123 Beziehungen/Partnerschaft

S. 129 Partnerschaft

S. 134 Wie sage ich einem „neuen" Partner…

S. 137 MYTHEN

S. 145 EINSICHTEN

S. 148 BLOGBEITRÄGE zur Sexualität

S. 152 Sex und CBD

S. 162 Bonus

S. 165 SCHLUSSWORT

S. 169 DANKE

S. 170 ADRESSEN / LINKS

S. 173 BÜCHER der Autorin

Im Grundgesetz Artikel 2 steht:

„Jeder hat das Recht auf freie Entfaltung seiner Persönlichkeit, soweit er nicht die Rechte anderer verletzt und nicht gegen die verfassungsmäßige Ordnung oder das Sittengesetz verstößt."

Intimität

ist ein Zustand
tiefster Vertrautheit.
Intimität herrscht in der
Intimsphäre
– einem persönlichen Bereich,
der durch die Anwesenheit
ausschließlich bestimmter
oder keiner weiteren Personen
definiert ist und Außenstehende
nicht betrifft.

"Wikipedia.de"

Liebe Leser*innen,

in diesem Buch geht es um Intimität und Sexualität. Für alle Menschen und auch für chronisch kranke Menschen.

Intimität ist mehr als Sex und darauf werde ich im Buch genau eingehen und Tipps und Infos geben.

Wenn wir uns also nach dem Grundgesetz richten, heißt das, dass Menschen mit Behinderung ihre Persönlichkeit entfalten dürfen, sie dürfen Beziehungen eingehen und bei entsprechender Geschäftsfähigkeit heiraten. Menschen mit Behinderungen haben ein Recht auf eigene Kinder. Niemand darf sie daran hindern, gleichgeschlechtlich zu lieben und eine gleichgeschlechtliche eingetragene Partnerschaft einzugehen.

Das Recht auf sexuelle Selbstbestimmung schließt das Recht auf „Schutz vor sexuellem Missbrauch" selbstredend mit ein.

Sexualität ist als ein zentraler Bereich menschlichen Erlebens von Geburt bis ins hohe Alter hin ein besonderes Erleben und eine große und bewegende Kraft.

Deshalb ist es eigentlich auch nur logisch, dass Liebe, Partnerschaft und Sexualität für Menschen mit körperlicher und/oder geistiger Behinderung ebenfalls von Bedeutung sind.

So gesehen gibt es keine „besondere" Sexualität von Menschen mit Behinderung.

Psycho-sexuelles Erleben umfasst laut Lehrbuch alle „Spielarten von Freundschaften" und Nähe zu anderen Menschen bis hin zu allen Formen der Zärtlichkeit.

Selbst genitale Sexualität beginnt nicht erst dann, wenn Kinder/Jugendliche in der Pubertät sind.

Wissenschaftlich gesehen beginnt sie schon ab dem Zusammensein mit der Mutter und dem Vater und betrifft sowohl die vorschulische, als auch die schulische Förderung. Das ganze spätere Erwachsenenleben wird von diesen Erfahrungen geprägt.

Unterschiedlich allerdings sind die gemachten Erfahrungen und deren Auswirkungen.

Aus dem liebevollen Gehaltenwerden, das wir im besten Fall als Säugling erfahren, wird dann ein Pubertierender, der aus dem Gehaltenwerden-Wollen in eine genitale Sexualität übergehen mag.

Und wenn wir uns verlieben haben wir auch irgendwann ein Interesse an der genitalen Sexualität. Der Wunsch des Gehalten-Werdens geht allerdings niemals verloren.

Hier in diesem Buch geht es eher um die körperlichen Beeinträchtigungen chronisch kranker Menschen, wie zum Beispiel der Erkrankung Multiple Sklerose (MS), an der ich seit 1994 erkrankt bin. Das Wort „MS" lässt sich aber in beliebiger Weise ersetzen, wenn es um Sexualität mit Behinderung und Beeinträchtigungen geht.

Das sexuelle Bedürfnis muss sich mit einer chronischen Erkrankung nicht zwangsläufig verändern. Es kann sich auf Grund unterschiedlicher Faktoren zwar eventuell anders gestalten und anders ausleben lassen, aber grundsätzlich kann auch ein im Rollstuhl sitzender Mensch eine befriedigende Sexualität haben.

Nach unserer Definition umfasst Sexualität das ganze Spektrum sinnlichen Erlebens: vom positiven Körpergefühl und Wohlfühlen (beispielsweise beim Baden oder einer Massage), über die Erkundung von Möglichkeiten zur Selbstbefriedigung, bis hin zu einer externen Sexualbegleitung.

Was man auch weiß ist, dass der seelische Faktor der Sexualität nicht unterschätzt werden darf. Denn Sexualität ist niemals ein isolierbares rein körperliches Phänomen, sondern betrifft unser innerstes Befinden. Immer geht es um „Triebwünsche", die auf ein ersehntes „Objekt" treffen möchten.

Und somit ist Sexualität auch keine einfache individuelle „Sache", sondern ein hoch sensibles Zusammenspiel von Personen und Emotionen.

Sexualität ist ein Prozess, der mit der Geburt beginnt und erst mit dem Tod endet.

Als solcher ist er dann natürlich auch abhängig von äußeren Bedingungen.

Sexuelle Verhaltensweisen sind deshalb auch durch soziales Lernen bestimmt. Und wenn man es so betrachtet, ist Sexualität auch eine Art „Lernprodukt".

Fakt ist, dass jeder psychisch gesunde Mensch von einem anderen Menschen geliebt werden möchte. Das bedeutet, er möchte „gesehen" werden und zwar so, dass der Partner das eigene und echte ICH auch wahrnimmt.

Behinderung wiederum drückt oft auch ein (ambivalentes) Verhältnis zu Normen und Werten aus, die in unserer Gesellschaft von Bedeutung zu sein scheinen.

Dies spiegelt sich dann unbewusst auch oft in der partnerschaftlichen Sexualität wider, weil man den „Erwartungen" des „Anderen" (Gesunden) entsprechen möchte. Dass diese Erwartungen vielleicht gar nicht anders sind als die eigenen, vergisst man als „Beeinträchtigter" schnell - aus Angst, nicht genügen zu können und weil man vermutlich auch in der Außenwelt mit seiner Behinderung genug schlechte Erfahrungen gemacht hat.

Wie bereits in meinem ersten Buch zur Sexualität und Behinderung „Sexualität: Positive Tipps bei chronischer Erkrankung" berichte ich nicht aus eigener Erfahrung, sondern aus Recherchen und vielen Gesprächen und Interviews mit Betroffenen. Dies unterscheidet diese beiden Bücher auch von meinen anderen Büchern, die ich aus eigener Erfahrung, eigenem Erleben immer sehr authentisch schreibe.

Dieses Buch ist als eine Erweiterung meines ersten Büchleins zu verstehen.

Sexualität: Positive Tipps bei chronischer Erkrankung

Und zu Beginn des Buches ist es mir wichtig zu sagen, dass der Titel „Intimität ist mehr als Sex" für mich ein sehr aussagekräftiger Satz ist.
Intimität ist tatsächlich so viel mehr als nur der reine „technische" Sex.

> **Intimität beinhaltet Nähe, Vertrauen und Vertrautheit, Einverständnis und auch Freundschaft.**

Intimität sind vertraute Blicke, offene liebevolle Kommunikation, kleine Berührungen im Alltag, tiefe Gespräche, Wertschätzung und so viel mehr!

Mehr dazu beschreibe ich in dem Kapitel „INTIMITÄT".

> **Es ist wichtig, sich immer wieder klarzumachen, dass der Geschlechtsakt nicht der einzige Weg ist, seine Liebe und Fürsorge mitzuteilen und zu „geben".**

Vielleicht möchten Sie sich einfach mal ein paar Gedanken zu Ihrer Intimität machen, über Ihre Wünsche und Vorstellungen…

Und zu Beginn noch eine Anmerkung: Das Buch ist für alle Menschen geschrieben, die sich Gedanken um ihre Sexualität machen. Erst einmal spielt es dabei keine Rolle, ob man eine Behinderung/Beeinträchtigung hat oder ob man gesund ist. Ebenso können schwere andere Schicksalsschläge in ein Leben einbrechen und eventuell die bekannte Sexualität verändern.
All meine Recherchen, meine Worte und Infos sind für gesunde Menschen ebenso umsatzbar. Denn Sexualität ist so umfassend für alle Menschen in unterschiedlichsten Lebensbereichen, dass ALLE (ob mit oder ohne chronische Erkrankung) ähnliche Erfahrungen machen!

Chronisch krank

In der Chroniker-Richtlinie des Gemeinsamen Bundesausschusses ist festgelegt: Als schwerwiegend **chronisch krank** gelten Sie, wenn Sie nachweislich wegen derselben Krankheit seit wenigstens einem Jahr in ärztlicher Dauerbehandlung sind. ... Oder Sie sind aufgrund einer Krankheit mindestens zu 60 Prozent erwerbsgemindert. (1)

Das einzige Kontrollierbare an einer chronischen Erkrankung ist ihre Unkalkulierbarkeit!

Ganz klar ist auch, dass es zusätzlich zu den beziehungstypischen Streitpunkten, die es in jeder Partnerschaft gibt, auch noch andere (neue) Faktoren hinzukommen, mit denen manche Paare immerhin (zum Glück) ihr Leben lang nicht in Berührung kamen. Denn eine schwerwiegende Diagnose zieht automatisch Zukunftsängste mit sich, die sowohl finanzieller Art sein können, als auch emotionaler und auch von rein organisatorischer Sorte! Alles ist erst einmal neu, unbekannt, ungewiss und beängstigend. Dann muss man sich auch mit den akuten Krankheitsphasen auseinandersetzen – all das kann eine Beziehung stark belasten.

Denn im Normalfall ist beiden Partnern zu jedem Zeitpunkt ihres Daseins bewusst, dass es nur einer kleinen und zusätzlichen, sowie unscheinbarer Veränderung bedarf, die den Jetzt-Zustand ändern und auch sofort zu einer akuten Verschlechterung führen kann. Viele Symptome und Beeinträchtigungen ändern sich nicht oder werden eher schlechter als besser. Dieses Bewusstmachen tut weh: beiden Partnern, denn noch mehr wird klar, was sich (oft von heute auf morgen) geändert hat und vor allem mit welchen Konsequenzen! Dass dies alles neben den Ängsten auch zu Spannungen innerhalb einer Beziehung führen kann, liegt auf der Hand.

Einmal sind es die Umstellungen im Alltag, das Selbst- und Fremdbild (des Betroffenen) und auch das Mitansehen-Müssen des körperlichen Verfalls. Damit umzugehen ist alles andere als einfach. Und noch dazu steht man vor der manchmal übergroßen Herausforderung, seinen Alltag hoffnungsvoll in die Zukunft zu planen! Allerdings weiß man auch, dass zu viele Termin-Vereinbarungen wieder eine Anstrengung bedeuten und Stress und /oder Druck erzeugen können. Man findet sich plötzlich in einer Spirale aus Anforderungen und Ängsten wieder, die das Gefühl der Ohnmacht und Hilflosigkeit hervorrufen können. All diese Überforderung und Machtlosigkeit in den neuen Alltag zu integrieren, ist noch dazu oft kraftraubend.

Schön ist es, wenn man Hilfe und Anteilnahme erfährt, aber den Schock muss man alleine verarbeiten (oder mit therapeutischer Hilfe). Es gibt Dinge, da kann einem niemand helfen.

Ich habe diese Erfahrung auch durchlebt und die liebevollste angebotene Hilfe auch gerne angenommen, aber gewisse Sachen kann man nur alleine durchstehen und erledigen. Man kann mit Nahstehenden reden, man kann mal den Ballast abwerfen – aber dann kommt man zurück in seine persönliche Hölle. Und Manches ist als direkter Angehöriger nur alleine regelbar: Beispielsweise Gespräche mit Ärzten, Krankenkassen oder Rententräger. Mir wurde auch dafür Hilfe angeboten, aber bis ich genau erklärt hätte, worum es geht, habe ich es auch schon selbst erledigt.

> **Chronisch Kranke verfallen mit dem Tag der Diagnose in einen Ausnahmezustand, der vor allem chronisch, also zu einem Dauerzustand wird!**

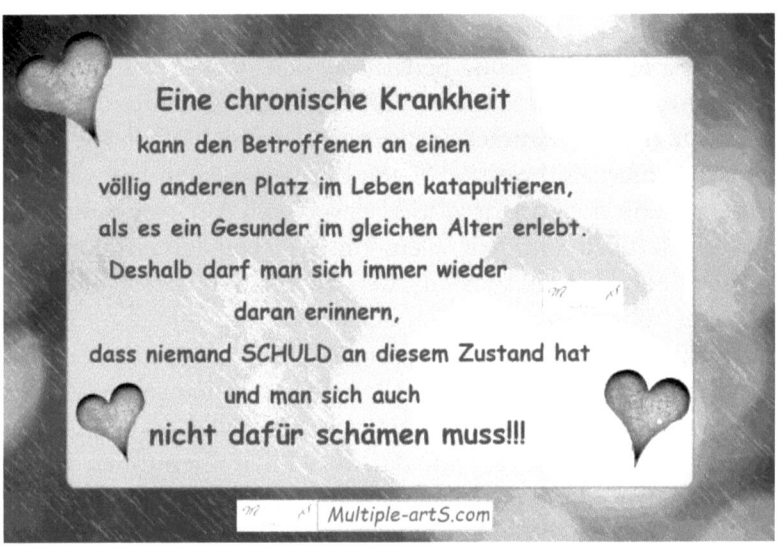

Meistens verlieren Betroffene ihre jahrelange selbstverständliche Unbeschwertheit und Sorglosigkeit in Bezug auf ihre Gesundheit.

Auf jeden Fall stellt die Diagnose immer ein sehr einschneidendes und vor allem belastendes Ereignis dar. Denn jene von der chronischen Erkrankung ausgelösten **psychischen und sozialen Veränderungen** sind sogar oft für die Beteiligten schwieriger zu bewältigen als ihre körperlichen Symptome.

Betroffene und Angehörige werden schnell vor die Aufgabe gestellt, sich auf einen völlig neuen (noch unbekannten) Lebensverlauf einzulassen und trotz großer Ungewissheit eine angemessene Kontrolle über ihren neuen Lebensabschnitt zu erlangen. Alles ist anders –

nichts ist mehr, wie es war. Das muss man auch erst einmal begreifen und sacken lassen.

Es sind nicht nur Entscheidungen die gefällt werden müssen, wie jene für therapeutische Maßnahmen oder was nun verändert werden sollte. **Es ist auch die ganz klare emotionale Auseinandersetzung mit der Erkrankung, die uns ungewiss in die Zukunft blicken lassen.**

Denn die Vorstellungen vom eigenen körperlichen Zerfall, dem möglichen Tod (je nach Erkrankung) und vieles mehr, sind plötzlich die neue Realität. Auch ein unrealistisches Zukunftsbild des Betroffenen kann zu Spannungen führen.

Auch die Phasen der Remission einer Krankheit, in der sich vielleicht über Monate/Jahre wenig verändert oder nur eine langsame Verschlechterung stattfindet, wird es geben. Dann ist die Krankheitsbewältigung eher darauf ausgerichtet, diese Stabilität zu erhalten und erfordert von den Betroffenen oft auch Anpassungen und Verlagerungen von Routine und Planung.

Natürlich ist in der Phase der Erholung nach den Therapien die Krankheit trotzdem noch da, wenn es beispielsweise ein aggressiver Krebs ist. Bei anderen Krebsarten kann man hoffen, dass sie ausgelöscht wurden und trotzdem wird das Leben nie mehr so sein wie vorher. Das heißt, dass der körperliche und psychische Verfall zu einem - in dieser Phase - sehr wichtigen Thema werden können. Deshalb richtet sich die Bewältigung der Krankheit nun eher auf das Wiedererlangen von körperlichem Wohlbefinden, der Funktionsfähigkeit und geistigen Stärkung. Und auch kleine Rückschläge kann es geben – diese können niederschmetternd sein und müssen ebenfalls verkraftet werden. Das kann für alle Beteiligten einen Kontrollverlust auf vielen Ebenen darstellen, was wiederum ein erneutes Kompromisse-Schließen bedeutet: mit dem Krankheitsverlauf, den Symptomen und vor allem mit den Bedingungen der bis jetzt routinierten Lebensumstände. Wieder kann alles neu sein und es braucht eventuell einige Veränderungen. Diese stetig neue Anpassung an die Situation, kann erschöpfen, auslaugen und zermürben und wieder neue Ängste heraufbeschwören.

Im Falle der lebensbedrohenden Erkrankung gibt es die Besonderheit der zeitlichen Begrenzung. Das heißt, beide Seiten müssen sich immer und immer wieder neu auf der Zeitachse finden, um das Leben sinnvoll organisieren und vor allem einigermaßen genießen zu können.

Chronische, nicht tödlich verlaufenden Erkrankungen, die aber mit Verschlechterungen rechnen müssen, können sich trotzdem etwas besser auf dieser Zeitachse zurechtfinden. Sie MÜSSEN das tun, da sie sonst in einer ständigen Hoch-Anspannung leben würde, die sich nicht nur seelisch, sondern auch körperlich schwer bemerkbar machen würde. Das ist manchmal nur mit psychologischer Unterstützung möglich.

Für beides gilt, dass man sich sicherlich immer mal wieder die Sinn-Frage stellt (oder das typische „Warum ich????"), was nicht wirklich zielführend, aber so menschlich ist.

Bei chronischen Erkrankungen wird es sich immer um die Lebensqualität drehen, um das Wohlbefinden und die eigene Bewältigungsstrategie (Resilienz, Coping). Deshalb ist es wirklich wichtig, eine gute Balance für sich und seine Angehörigen (und umgekehrt) zu finden und eine gewisse (mögliche) Stabilität und Geborgenheit, um nicht in die angstumwobene Abwärtsspirale zu gelangen. Denn diese schwere und neue Aufgabe, mit den Belastungen der Erkrankung zurechtzukommen kann auch zu einer Identitätskrise führen.

Das Unvorhersehbare und Unkalkulierbare und/oder eine etwaige Konfrontation mit dem Tod, die Bedrohung der körperlichen Integrität und Einschränkungen im Alltag und mit Freizeitaktivitäten, führt schnell dazu, dass man alles in Frage stellt. Die bisherigen gelebten Rollen, die man sowohl im Beruf, als auch im privaten Umfeld hatte, sind teilweise nun auf den Kopf gestellt. Trauer, Angst und Verletzlichkeit bestimmen oft den Alltag.

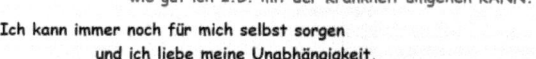

ICH BIN CHRONISCH KRANK

Ich bin weder dumm, noch geistig behindert. Ich bin weder verrückt, oder auch nicht „nur" gestresst, noch bilde ich es mir einfach ein.
Ich habe die Krankheit nicht selbst verursacht
und ich mache kein großes Ding daraus.

Ich lerne jeden Tag über mich selbst –
wie gut ich z.B. mit der Krankheit umgehen KANN.

Ich kann immer noch für mich selbst sorgen
und ich liebe meine Unabhängigkeit,
aber manchmal werde ich einfach Deine Hilfe brauchen.

Denke dann nicht, ich sei schwach, oder ich gäbe auf.

Denn ich versuche stets das BESTE zu geben!

Wir alle brauchen von Zeit zu Zeit einmal Trost und

Aufmunterung und eine Schulter zum Anlehnen.

Du kannst Dir vielleicht nicht vorstellen,

wie viel es bedeuten KANN!

©2014MULTIPLE-ARTS.com

Aber es gibt auch Chancen – das habe ich selbst erlebt. Meine Werte, Überzeugungen und Prioritäten haben sich positiv entwickelt. Ich habe eine größere Gelassenheit entwickelt – denn ich weiß immer: es gibt deutlich Schlimmeres als ein beispielsweise ein Kratzer am Auto. Krankheiten prägen und lassen sich ohne eine gewissen Neu-Orientierung manchmal gar nicht gut überstehen. Auch das Thema „Freunde" gehört dazu. Ich wähle mittlerweile sehr gut

aus, wer zu meinem JETZIGEN Leben - das definitiv anders ist –
passt, und wer nicht! Trotzdem könnte ich gerne auf diese Erkrankungen verzichten!

(1) https://www.pbeakk.de/faq/weitere-fragen/wer-gilt-als-chronisch-krank-nach-der-chroniker-richtlinie/

Intimität ist mehr als Sex

Das Nervensystem spielt eine wichtige Rolle bei der Sexualität. Erotische Sinneseindrücke (zum Beispiel Berührungen, visuelle Reize und Gerüche) werden an das Gehirn übermittelt und dort in Signale an die Geschlechtsorgane umgesetzt.

Es ist daher unmittelbar einsichtig, dass eine Beeinträchtigung der Nervenleitung, wie bei MS-Erkrankten, deshalb auch eine direkte Auswirkung auf die Sexualität haben kann.

SEXUALITÄT- was ist das?

Sexualität: ein gewohntes Wort und doch auch immer noch ein teilweise tabubehaftetes Wort.

Warum ist das so? Fangen wir vorne an: „Sexualität" leitet sich aus dem spätlateinischen Wort „sexus" ab, das grob einfach nur „Geschlechtlichkeit" bedeutet.

Sexualität bedeutet in der biologischen Bedeutung die Gegebenheit von zwei Lebewesen derselben Art, die nur jeweils zusammen mit dem anderen Geschlecht zur Fortpflanzung fähig sind.

Im soziologischen Bereich geht es um das geschlechtliche Verhalten zwischen Geschlechtspartnern und auch um deren Sozialgefüge.

Außerdem bezeichnet Sexualität die Zusammengehörigkeit, oder auch das Resultat, von (in unserem Fall) menschlichen Verhaltensweisen, Empfindungen und Interaktionen.

Zwischenmenschliche Sexualität wird überall auf der Welt als Zuneigung und bestenfalls als Liebe zwischen den Sexualpartnern angesehen und gepriesen. Sicherlich ist heute Sex auch ohne Liebe möglich und für Viele auch der einzige Weg, aber in bestehenden Beziehungen gehört sexuelle Aktivität auch immer als Verbindungsmittel dazu, um Nähe und Intimität zu schaffen und zu halten.

In diesem Buch geht es mir darum, dass sich der Leser, vor allem auch mit seinem Partner, das Thema Sexualität (auch in Bezug auf die eine chronische Erkrankung) vertrauter macht und sich des Themas überhaupt annimmt. Und vielleicht können beide Partner so auch mehr Verständnis füreinander aufbringen. Außerdem könnte es helfen neue Einsichten zu gewinnen, die dem jeweiligen Paar in ihrer jeweiligen Situation deren weitere Sexualität erleichtern können.

Im besten Fall existiert zwischen den Sexual-Partnern ein vertrauensvolles und offenes Verhältnis, gepaart mit Liebe und Geborgenheit. Unter diesen Umständen, gewürzt mit einer Prise Humor und Verständnis, kann sich eine wundervolle Sexualität entfalten. Geborgenheit spielt hierbei die Hauptrolle und Respekt und Anerkennung sind die Basis einer solchen Beziehung. Durch diese Voraussetzungen kann dann auch eine auf Dauer angelegte Beziehung wachsen.

Viele Menschen wünschen sich aber keine feste Partnerschaft, sondern möchten zwischen wechselnden Sexual-Partnern auswählen können. Wobei natürlich selbst bei einem One-Night-Stand eine kleine Menge an Vertrauen nicht schadet.

Egal, wie sich jemand entscheidet, er wünscht sich vermutlich eine erfüllende Sexualität. Was für den jeweiligen Menschen erfüllend ist, wird persönlich sehr unterschiedlich sein.

Ob der jeweilige Sexual-Partner diese Wünsche erfüllen kann, erfüllen möchte und rein praktisch gesehen erfüllt, ist sicherlich sehr individuell. Oft ergibt es sich im Laufe der Partnerschaften automatisch, dass man einen guten gemeinsamen Weg findet. In anderen Beziehungen wird offen über die Wünsche und Erwartungen gesprochen und wiederum noch andere Beziehungen scheitern, weil die Sexualität der beiden Partner sich nicht anzunähern vermag.

Jeder Leser, der nun diese Zeilen liest, wird in diesem Bereich seine eigenen Erfahrungen gemacht haben. Es werden nicht nur gute Erlebnisse, sondern auch schlechte und traurige Erfahrungen dabei sein.

Die Gratwanderung zwischen Wünsche-Äußern, Zurückstecken und Missbrauch ist heikel und in vielen Partnerschaften ein Balanceakt.

Glücklich kann man sich schätzen, wenn man eine gesunde Sexualität erleben durfte und darf und vor allem niemals zu irgendwelchen Praktiken gezwungen wurde.

Ich selbst bin seit 1994 an Multipler Sklerose (MS), auch „Encephalomyelitis disseminata" (ED) bezeichnet, erkrankt. Dies ist eine chronische entzündliche Entmarkungs-Erkrankung des zentralen Nervensystems", deren Ursache trotz großer Forschungsanstrengungen leider immer noch nicht geklärt ist. MS ist eine der häufigsten neurologischen Erkrankungen, die statistisch gesehen im Alter zwischen 20 und 40 Jahren auftritt. In Deutschland leiden zirka 200.000 Menschen unter MS.

Bei allen Betroffenen, besonders aber bei jungen Erwachsenen, ist diese Erkrankung von erheblicher sozial-medizinischer Bedeutung. Sie hat nämlich nicht nur große Auswirkungen auf die körperliche Symptomatik und die daraus resultierenden Beeinträchtigungen, sondern auch auf psycho-soziale Faktoren. Dies sind beispielsweise MS-bedingte Verluste des Freundeskreises, des Partners und des Jobs. Oft spielen diese Faktoren sogar eine verhältnismäßig größere Rolle und müssen deutlich mehr Beachtung in unserer Gesellschaft finden.

Ich habe lange recherchiert, habe durch meine zahlreichen Blogger-Kontakte viele Interviews führen können und stelle hier nun alles zusammen, was mir für das Thema Sexualität und „chronische Krankheit" wichtig erscheint, beziehungsweise was mir meine Interviewpartner so vermittelt haben. Mit diesem Buch beziehe ich mich nicht auf eigene Erlebnisse.

Deshalb kann es gut sein, dass Sie als Leser noch andere Symptome kennen, sowie auch noch andere und besserer Ratschläge haben. Ich wollte mich aber noch einmal diesem Thema widmen, da es seltener als andere Bereiche der MS Anerkennung findet. Sexualität ist leider immer noch ein Tabu-Thema und vielleicht kann ich dem einen oder anderen mit meinen Recherchen zumindest insoweit helfen, dass er mit seinem Partner zu einem offeneren Austausch findet, oder sich professionelle Hilfe sucht. Das würde ich mir wünschen – damit wäre ein Teil meines Anliegens schon erreicht.

Eine provokante Überlegung:

Würde man in einem Spielfilm, in dem es auch um Liebe und Sex geht, die „attraktive gesunde" Hauptdarstellerin durch eine Darstellerin im Rollstuhl austauschen – wäre das für den normalen Fernsehzuschauer noch genauso attraktiv?

Wohl eher selten, denn eine gewisse Befremdlichkeit wäre da – ob man will oder nicht.

Manch ein Zuschauer würde sich schämen (vor was eigentlich?), andere würden es abstoßend finden und eine Minderheit würde sich daran „aufgeilen"! Aber ob es die Mehrheit einfach so „hinnehmen" würde und einfach über die Behinderung hinwegsehen könnte? Sicherlich leider nicht.

Denn oft verbindet man mit seinen Helden und Protagonisten ja auch ein großes Selbstbewusstsein, eine große Selbstbestimmtheit und Überlegenheit. Die meisten Menschen würden diese Eigenschaften wohl den meisten behinderten Menschen absprechen. Wie schade, traurig und unnötig!!!

„Kann ein Behinderter erotisch sein? Ist es möglich, dass ein attraktiver Nicht-Behinderter sich zu einem Behinderten so stark hingezogen fühlt, dass er Sex mit ihm haben möchte?". All das sind Fragen, die sicherlich unweigerlich bei dem beschriebenen Szenario aufkämen.

Leider ist das „Schämen" das allgemeine und verbreitete Bild von „Sex und Behinderungen" in der Gesellschaft.

Man kann nun lange spekulieren, wie es um solch eine Protagonistin tatsächlich gestellt wäre …. Ob es Männer gäbe, die sich gerade zu einer behinderten Frau hingezogen fühlen, dass es behinderte Frauen gibt, die es wiederum darauf anlegen und so weiter…

Fakt ist jedoch, dass die rein hormonelle Entwicklung in den seltensten Fällen durch eine körperliche Behinderung beeinträchtigt sein muss.

Bei MS gibt es verschiedene Faktoren, die tatsächlich zu einem Libido-Verlust führen können. Darauf gehe ich noch gesondert ein. Aber ein körperlich behinderter Mensch, ob Mann oder Frau, hat grundsätzlich erst einmal die gleichen Bedürfnisse und auch Wünsche.

Sexualität und Körperbehinderung

Hierfür müssen wir erst einmal das Wort „Körperbehinderung" klären: laut Wikipedia ist Körperbehinderung „eine individuelle körperliche Behinderung eines Menschen, ein physiologisches Defizit oder Handicap (Christoph Leyendecker). Es wird eine Person als körperbehindert bezeichnet, die infolge einer Schädigung des Stütz- und Bewegungsapparates, einer anderen organischen Schädigung, oder einer chronischen Krankheit so in ihren Verhaltensmöglichkeiten beeinträchtigt ist, dass die Selbstverwirklichung in sozialer Interaktion erschwert ist (vgl. Leyendecker 2005)."
(https://de.wikipedia.org/wiki/Körperbehinderung)
Es gibt also den körperlichen Aspekt einer Behinderung, die wie oben beschrieben einen Auslöser durch eine körperliche Schädigung hat, oder auch den sozialen Aspekt.

Allerdings erklären Fachberichte, dass eine Behinderung nicht allein durch individuelle Faktoren entsteht (zum Beispiel körperliche Handicaps), sondern vor allem erst durch Barrieren in der Umwelt begünstigt werden. Leider erlauben es diese Barrieren manchen Menschen mit Beeinträchtigungen nicht, würdevoll am Alltag teilzuhaben. Denn je weniger eine Behinderung mit ihrer Beeinträchtigung Beachtung erhält und somit nicht angemessen auf die Handicaps eingegangen wird, desto eher erhält eine Beeinträchtigung das Gewicht der „Behinderung".

Sicherlich ist eine diagnostizierte MS „vorhanden" und für den Betroffenen sehr spürbar, aber oft machen es äußere Umstände oder auch außenstehende Personen erst zu einem wirklichen Problem. **Vielfach verhalten sich außenstehende Personen so „beeinträchtigend", dass die Behinderung erst dadurch auffällt, Raum einnimmt und somit nicht mehr „unauffällig" gehandhabt werden kann.**

Die Behinderung an sich ist also auch etwas subjektiv Wahrnehmbares und Fühlbares. Ist ein körperlich Beeinträchtigter aber in seinem Leben ein rundum glücklicher Mensch, wird die Behinderung bei ihm nicht so eine große Rolle spielen. Maßgeblich ist hierbei immer, ob er seine Behinderung gut akzeptieren und in den Alltag integrieren kann. Und ganz besonders wichtig: hat er ein ausreichendes intaktes soziales Netz um sich herum?

Bei einem vergleichbar Behinderten, der kein Teil eines ausgewogenen sozialen Gefüges ist, vielleicht noch auf Grund seiner Behinderung gemobbt wird (oder Steine in den Weg gelegt bekommt), wird die gleiche Beeinträchtigung eine wesentlich höhere Rolle spielen und ihn mehr belasten.

In jedem Fall ist der Weg für ein selbstbestimmtes Leben in der Gesellschaft für viele Menschen mit Behinderung selbst heutzutage noch sehr schwer.

Multiple Sklerose ist die Krankheit mit den 1000 Gesichtern, die sich noch dazu bei jedem Betroffenen auf individuelle Art und Weise zigmal anders und völlig unterschiedlich zeigen und vor allem auswirken kann.

MS und viele andere chronische Erkrankungen sind bei den Betroffenen oft auf den ersten Blick nur erkennbar, wenn zum Beispiel jemand im Rollstuhl sitzt, den Rollator oder einen Gehstock zur Hilfe benötigt. Oder wenn Körperteile gelähmt und leicht entstellt sind.

Genauso oft, oder sogar noch öfter, gibt es die sogenannten „unsichtbaren Symptome" der verschiedenen Erkrankungen. Wie zum Beispiel Fatigue, Schwindel, Inkontinenz.

Darunter fällt auch das Thema „Sexualität", denn man sieht keinem Menschen (auch nicht einem ansonsten Gesunden) an, ob er sexuelle Probleme hat.

Es gibt Kranke, die kennen diese unsichtbaren Symptome vielleicht nicht, dafür aber andere gravierende Auswirkungen der Krankheit. Es gibt Menschen, die im Rollstuhl sitzen und trotzdem sexuell aktiv sein können. Also sollte man als Außenstehender auf keinen Fall denken, ein im Rollstuhl Sitzender wäre nicht mehr fähig, sexuell aktiv zu sein und sich sowieso hüten, trügerische Schlussfolgerungen zu schließen.

> **Der äußere Schein trügt so oft**!

Es gibt also alle möglichen Fälle und hier in diesem Buch widme ich mich nun den sexuellen Problemen bei chronischen Erkrankungen – sozusagen oft an Hand von MS. Das Wort ist aber austauschbar.

Sexualität gehört zu einer Beziehung, die über das rein Freundschaftliche hinauswächst, dazu. Durch die gute Möglichkeit zu verhüten, ist Sexualität im Laufe vieler Jahrzehnte auch freier und unabhängiger geworden.

Sexualität hat somit in unserer Gesellschaft zwar einen deutlich größeren Raum eingenommen, aber trotzdem ist das Thema oft noch schambehaftet. Wer es kennt weiß: funktionierende Sexualität ist etwas Wundervolles in einer Partnerschaft.

Sexualität, die allerdings mit Problemen behaftet ist, kann eine Partnerschaft zerstören und das ist sehr schade.

Sexualität mit Beeinträchtigungen, bedingt durch eine chronische Krankheit, ist auf ihre Art und Weise speziell, muss aber nicht zwangsläufig problematisch sein. Es kommt immer darauf an, wie die Partner miteinander umgehen, wie offen sie das Thema besprechen können und ob sie einen für BEIDE zufriedenstellenden Weg finden.

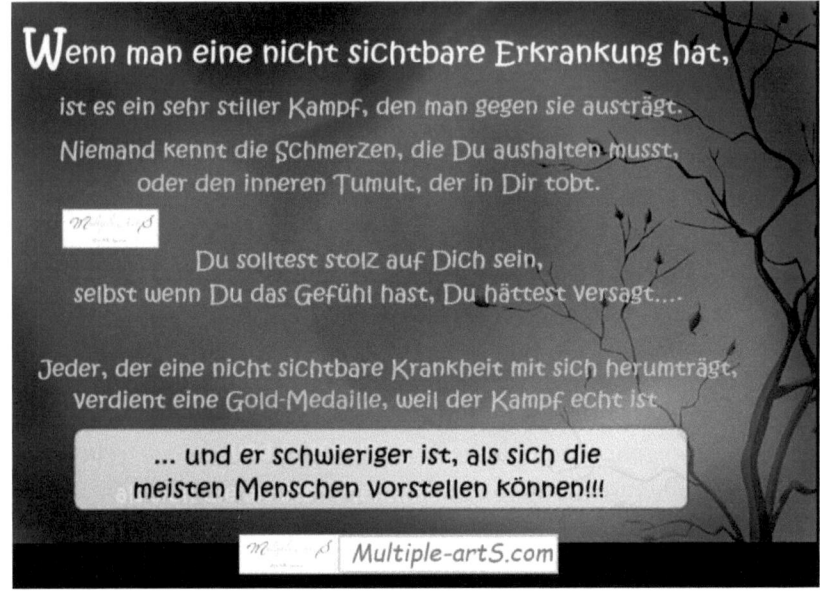

> ➤ Es ist wichtig, sich immer wieder klarzumachen, dass der Geschlechtsakt nicht der einzige Weg ist, seine Liebe und Fürsorge mitzuteilen und zu „geben".

Miteinander zu kuscheln und sich liebevoll zu halten, ist ebenfalls ein intensives und einzigartiges Erlebnis in einer Partnerschaft. Sich zu umarmen, zu berühren und zu liebkosen ist auch ein Weg intim zu sein.

Sexualität kann die ganze Reichweite des sinnlichen Erlebens erfüllen. Besonders schön und wichtig ist es, ein positives Körpergefühl, absolutes Wohlfühlen und „Ankommen" in Geborgenheit zu spüren. Auch dies kann sehr wohl eine Art der Befriedigung sein.

✓ **Sicher ist: jeder Mensch hat ein Recht auf Intimität.**

Sexualität will gelebt und erfahren werden. So unterschiedlich wie die Menschen sind auch ihre Wünsche und Bedürfnisse im Hinblick auf Liebe, Lust und Intimität.

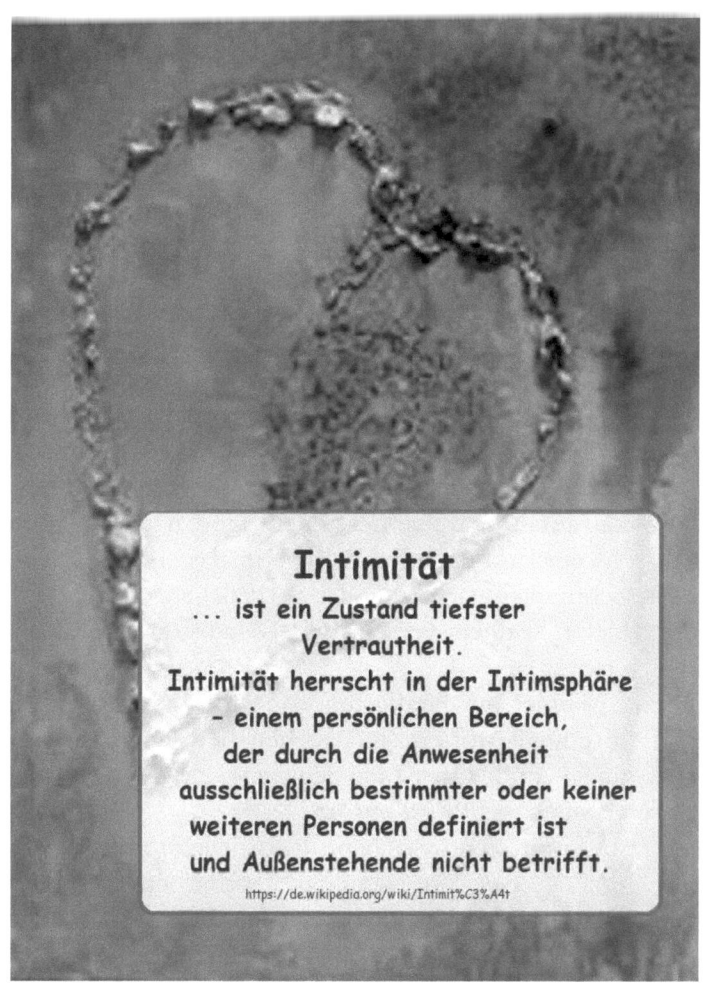

Intimität

... ist ein Zustand tiefster
Vertrautheit.
Intimität herrscht in der Intimsphäre
– einem persönlichen Bereich,
der durch die Anwesenheit
ausschließlich bestimmter oder keiner
weiteren Personen definiert ist
und Außenstehende nicht betrifft.

https://de.wikipedia.org/wiki/Intimit%C3%A4t

Mein YouTube-Video
„Sexuelle Störungen"

https://www.youtube.com/watch?v=dNgC0WM8oZQ

Fakten

Ganz klar ist: Hormone machen auch vor einer Behinderung nicht halt!

Und klar ist auch: Menschen mit Behinderungen haben ein Recht auf sexuelle Selbstbestimmung.

In der Realität ist ihr Liebes- und Sexualleben jedoch oft eingeschränkt. Denn die Realisierung dieses Anspruchs ist für viele Menschen mit Behinderung nicht so selbstverständlich wie für Menschen ohne Behinderung.

„Eine ganze Reihe von chronischen Erkrankungen können zu Sexualstörungen führen. Zu den häufigsten gehören - neben Erkrankungen im Genitalbereich selbst - Stoffwechselerkrankungen wie Diabetes mellitus, hormonelle Dysbalancen, Herz-Kreislauf-Probleme, sowie neurologische Krankheiten, etwa Multiple Sklerose, Morbus Parkinson, ein Schlaganfall oder Depressionen. Und natürlich beeinträchtigen auch schwere Erkrankungen wie beispielsweise Krebs, aber auch chronische Schmerzen nachhaltig das Sexualleben.

Nicht zuletzt können verschiedene Medikamente die Sexualität empfindlich stören.

Während Männer am häufigsten von einer erektilen Dysfunktion (Erektionsstörung) betroffen sind, stehen bei den Frauen Lustlosigkeit, Erregungs- und Orgasmus-Schwierigkeiten sowie Schmerzen beim Geschlechtsverkehr im Zentrum.

Eine der bekanntesten Ursachen für sexuelle Störungen ist wohl die koronare Herzkrankheit. Vor allem dann, wenn bereits ein Herzinfarkt aufgetreten ist. Entgegen landläufiger Meinung betrifft es nicht nur Männer, sondern auch Frauen. 50 bis 75 Prozent aller Betroffenen leiden nach einem Herzinfarkt unter sexuellen Störungen. Bei allen Herzerkrankungen - beispielsweise auch bei einer Herzinsuffizienz oder bei Herzrhythmusstörungen - ist Angst ein ständiger Begleiter des Sexuallebens. Angst nicht nur der Betroffenen, sondern auch der Partnerin/des Partners - vor allem vor einem neuen Herzinfarkt oder dem plötzlichen Herztod. Das Risiko eines plötzlichen Herztods beim Geschlechtsverkehr ist allerdings minimal, es liegt zwischen 0,6 und ein Prozent - und findet bei Männern fast ausschließlich bei außerehelichem Verkehr statt.

Dass nach einem Herzinfarkt generell Sex verboten ist, ist jedenfalls ein Ammenmärchen. Denn Geschlechtsverkehr verbraucht in der Regel nicht mehr Energie als ein Stockwerk Stiegen steigen. Dennoch sollten Betroffene in dieser Angelegenheit zuvor mit ihrem behandelnden Arzt sprechen."

(https://oe1.orf.at/programm/20171116/494333/Sexualstoerungen-bei-chronischen-Erkrankungen)

Sexualität und Partnerschaft sind Teil der individuellen Persönlichkeitsentwicklung des Menschen. Das Recht auf Sexualität beinhaltet Aspekte wie Intimsphäre, sexuelle Identität, freie Partnerwahl, Sexualaufklärung, Erotik und auch Kinderwunsch. Sexualität ist ein menschliches Grundbedürfnis und ein erfülltes Sexualleben trägt wesentlich zu Wohlbefinden und Ausgeglichenheit eines Menschen bei.

Und klar ist auch, dass durch Einschränkungen, die sich häufig im Rahmen des institutionellen Lebenskontextes von Menschen mit Behinderungen ergeben, dieses Wohlbefinden der Menschen mit Behinderung deutlich eingeschränkt sein kann.

Folgerichtig sind aber Schwierigkeiten im Umgang mit der eigenen und der Paarsexualität nicht vorrangig auf die geistigen oder körperlichen Einschränkungen von Menschen mit Behinderungen zurückzuführen, denn Traumata, allgemeine schlechte Erfahrungen und Vieles mehr können eine normale Sexualität ebenfalls beeinflussen.

Jeder Mensch hat das Recht, seine Sexualität auf seine ganz persönliche Art und Weise zu leben. Allerdings gehört hierzu auch unbedingt die Pflicht, die Würde und die Rechte anderer Menschen zu wahren. Selbstbestimmte Sexualität hat dort Grenzen, wo Selbstbestimmung und Intimsphäre anderer gegen deren Willen eingeschränkt oder verletzt werden.

Jeder Mensch hat das Bedürfnis nach Nähe, Zärtlichkeit und Beziehung zu einem bestimmten Menschen, mit dem man sein Leben und Erleben in besonderer Weise teilen möchte.

Im Idealfall formen sich Partnerschaften aus Liebe, Toleranz, Verständnis und Achtung. Das heißt, sie prägen das Selbstwertgefühl und erhöhen das Vertrauen. Eine ideale Partnerschaft ermöglicht Erfahrungen mit der eigenen Identität als Mann oder Frau, verfestigen sie und vor allem vermitteln sie das Gefühl der Normalität. Normalität in einem Leben mit Behinderung und /oder chronischen Erkrankungen ist sowieso anders – sie muss nicht schlechter sein, aber definitiv ist sie anders.

In weniger guten Fällen sind Partnerschaften leider auch gekennzeichnet von Enttäuschung oder Verletzung.

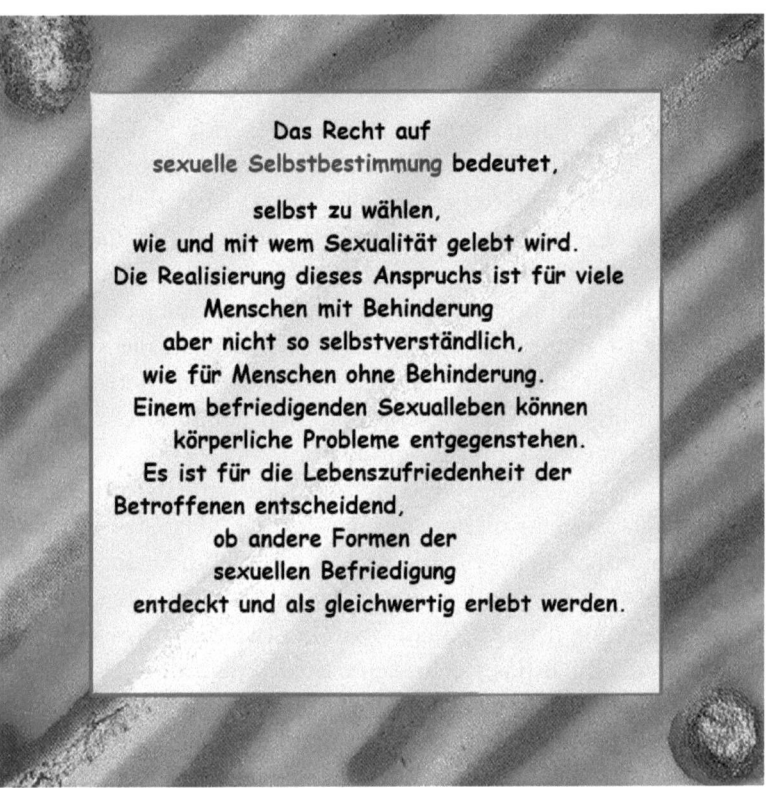

Das Recht auf sexuelle Selbstbestimmung bedeutet, selbst zu wählen, wie und mit wem Sexualität gelebt wird. Die Realisierung dieses Anspruchs ist für viele Menschen mit Behinderung aber nicht so selbstverständlich, wie für Menschen ohne Behinderung. Einem befriedigenden Sexualleben können körperliche Probleme entgegenstehen. Es ist für die Lebenszufriedenheit der Betroffenen entscheidend, ob andere Formen der sexuellen Befriedigung entdeckt und als gleichwertig erlebt werden.

Sexualität und Partnerschaft bei Menschen mit Behinderungen sind sexuelle (im weitesten Sinne die Gesamtheit der Lebensäußerungen, Verhaltensweisen, Emotionen und Interaktionen von Menschen in Bezug auf ihr Geschlecht) und /oder partnerschaftliche Beziehungen und Handlungen zwischen Menschen, wo mindestens ein Partner von einer Behinderung betroffen ist. Leider werden diese Paare oft stigmatisiert, was es für die Betroffenen nicht einfacher macht.

Natürlich können körperliche Behinderungen die Sexualität einschränken. Beispielsweise, wenn Funktionsstörungen (krankhafte, das heißt fehlende oder mangelhafte Funktion), Einschränkungen oder starke Schmerzen vorliegen, die einige Sexualpraktiken nicht oder nur mit der Hinzunahme von Hilfsmitteln möglich machen.

Bei **psychischen Behinderungen** können sexuelle Reize und Signale falsch gedeutet und aufgenommen werden. Einzelne Schlüsselreize, die zum Beispiel vergangene Erinnerungen und Traumata hervorrufen, können zudem zu psychischen Folgen wie Angst oder Realitätsverlust führen. Menschen mit psychischen Erkrankungen können es schwerer haben den richtigen Partner zu finden oder glückliche Beziehungen zu pflegen, da sie beispielsweise unter Bindungsstörungen leiden oder durch Ängste, Zweifel, Wahnvorstellungen und Trauer und so weiter in Bezug auf Liebe und Partnerschaft gehemmter sein können. (1)

Das Recht auf sexuelle Selbstbestimmung bedeutet auch, dass jeder selbst wählen kann, wie und mit wem man seine Sexualität ausleben möchte. Außerdem schließt das Recht auf sexuelle Selbstbestimmung das Recht auf Schutz vor sexuellem Missbrauch ein.

Oft spielen physische Defizite und Gefühllosigkeit in bestimmten Körperregionen eine große Rolle in Bezug auf erfüllende Sexualität. Eine körperliche oder geistige Behinderung muss nicht unbedingt bedeuten, dass man in seinem sexuellen Empfinden eingeschränkt ist. Allerdings kann eine Behinderung leider dazu führen, dass man doch in seiner Sexualität eingeschränkt ist.

Aber es gibt einige alternative Wege, die eine sexuelle Selbstbestimmung möglich machen. Natürlich ist dies oft ein schwieriger Weg und alles andere als einfach. Die Herausforderungen unterscheiden sich je nach Beeinträchtigung.

Es gibt zum Glück einige Beratungsstellen und Selbsthilfegruppen, bei denen man sich eine individuelle Unterstützung holen kann. Mitarbeiter in Beratungsstellen von Behindertenorganisationen und Sexualberatungsstellen sind geschult, spezielle Fragen zu beantworten.

Manchmal können auch potenzsteigernde Medikamente für Männer mit Erektionsstörungen Abhilfe schaffen. Und zu einer besseren Beweglichkeit können zum Beispiel speziell dafür gedachte Stützkissen und sogenannte „Love Wedges" (ein sich vorwärts und rückwärts bewegender Stuhl beitragen, oder eine spezielle Halte-Konstruktion über dem Bett, damit man sich besser festhalten kann). Hier kann man sich im Internet kundig machen.

Betroffene berichten, dass man mit gewissen Beeinträchtigungen nicht mehr jede Stellung machen kann, aber man könne versuchen kreativ heranzugehen und neue Dinge ausprobieren.

Trotz bestimmter Einschränkungen kann der Körper kompensieren. Das kennt man ja beispielsweise auch von Schlaganfall-Patienten, wo andere Hirnareale etwas übernehmen. So berichtete ein Querschnittsgelähmter, dass andere Körperbereiche sensibilisiert werden könnten und sozusagen die Funktion der früheren erogenen Zonen übernehmen. Das können beispielsweise die Brustwarzen sein, deren Reibung zum Orgasmus führen kann, falls der Penis nicht mehr über genügend Sensibilität verfügt.

Auch Querschnittsgelähmte können eine Erektion bekommen. Problematisch könnte hier aber das „Vorher" sein, das Organisieren: denn gelähmte Paare müssen dazu erst einmal ins Bett kommen und es kann sein, dass die Hilfe einer dritten Person nötig ist. Das kann zu weiteren Komplikationen und Irrungen der Intimität kommen.

Betroffene berichten, dass die Löffelchen-Stellung sehr geeignet sei, wenn gewisse Beeinträchtigungen vorliegen.

Wenn Partner vollständig gelähmt sind, dann sind Hilfsmittel nötig – wie zum Beispiel ein speziell entworfenes Schaukelsystem (Liebesschaukeln). Denn da wird die Bewegung durch die Schaukel ersetzt – das ist eine wunderbare Sache – für beide.

Leider gibt es keine Patentrezepte oder allgemeingültige Ratschläge im Bereich „Sexuelle Selbstbestimmtheit mit Behinderung"! Allein schon deswegen, weil jede Beeinträchtigung ihre eigenen Konsequenzen, Vor- und Nachteile hat.

Aber vielleicht ist es eine Überlegung, dass Betroffene UND Angehörige Kontakt mit Selbsthilfegruppen, mit Beratungsstellen oder mit einer Sexualberatungsstelle aufnehmen.

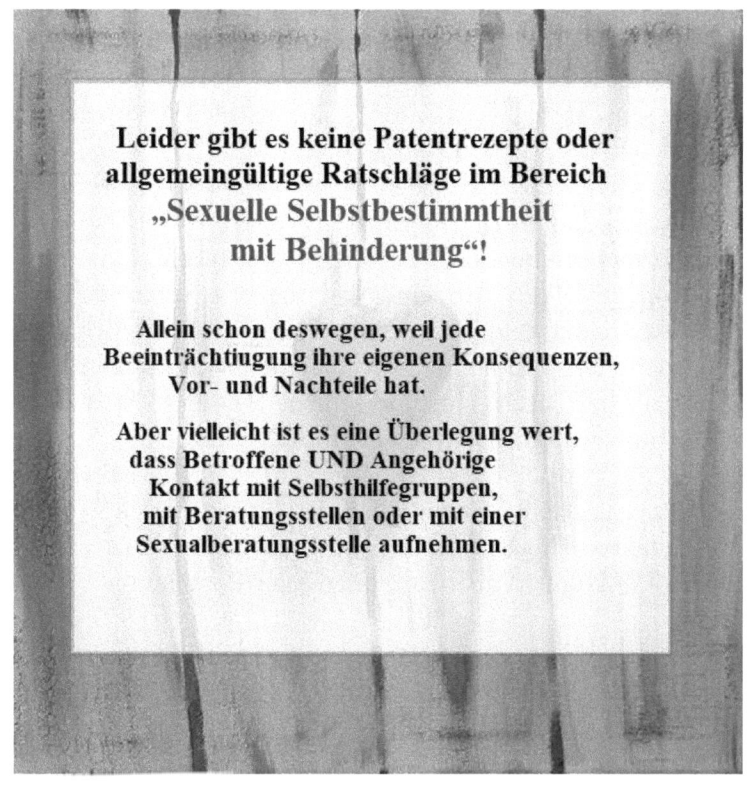

Leider gibt es keine Patentrezepte oder allgemeingültige Ratschläge im Bereich „Sexuelle Selbstbestimmtheit mit Behinderung"!

Allein schon deswegen, weil jede Beeinträchtigung ihre eigenen Konsequenzen, Vor- und Nachteile hat.

Aber vielleicht ist es eine Überlegung wert, dass Betroffene UND Angehörige Kontakt mit Selbsthilfegruppen, mit Beratungsstellen oder mit einer Sexualberatungsstelle aufnehmen.

(1) https://de.wikipedia.org/wiki/Sexualität_und_Partnerschaft_bei_Menschen_mit_Behinderungen

„Austausch von Körperflüssigkeiten"

Die schönste Sache der Welt - einfach, fast angeboren, wundervoll und wohltuend und doch kann es in einem Drama enden: In ein Drama für sich selbst und eine Partnerschaft oder gar für eine zukünftige Partnerschaft!

Die wissenschaftliche Erklärung, die uns hier Wikipedia liefert, ist die Theorie.

„Die Sexualität des Menschen ist im weitesten Sinne die Gesamtheit der Lebensäußerungen, Verhaltensweisen, Emotionen und Interaktionen von Menschen in Bezug auf ihr Geschlecht.

Die Humanbiologie betrachtet menschliche Sexualität hinsichtlich ihrer Funktion bei der Neukombination von Erbinformationen im Rahmen der geschlechtlichen Fortpflanzung. Im Zentrum stehen dabei menschliche Geschlechtsunterschiede zwischen Mann und Frau. Im sozio- und verhaltensbiologischen Sinn umfasst die Sexualität des Menschen die Formen dezidiert geschlechtlichen Verhaltens zwischen Sexualpartnern. Das Sexualverhalten des Menschen hat – wie das vieler Wirbeltiere – über Fortpflanzung und Genomaustausch hinaus zahlreiche Funktionen im Sozialgefüge einer Population."

Wie es aber rein praktisch aussieht, wie sich Menschen fühlen, die nicht mehr fähig zum körperlichen Austausch von Zärtlichkeiten sind, das steht nirgends geschrieben!!!

Viele chronisch Kranke sind von diesem Symptom betroffen und leider ist dies immer noch ein Tabu-Thema.

Aber ohne es ein Drama werden zu lassen, möchte ich das Tabu ausräumen und zur Kommunikation ermuntern. Wenn Sie und Ihr Partner BEIDE, vielleicht auch zusammen, dieses Buch lesen, ist schon alles im Fluss, ist alles auf dem WEG.

Vielleicht ist bei Sex und Intimität sowieso der **WEG das ZIEL!!!**

Unsicherheiten im Umgang
mit Sexualität

Chronische Erkrankungen bringen, das wissen wir, Veränderungen auf jeder Ebene unseres Lebens mit sich. Betreffen diese unter Umständen auch die Sexualität, kann das besonders verwirrend und emotional aufwühlend sein.

Das zentrale Nervensystem (ZNS), das ja beispielsweise bei MS nicht richtig arbeiten kann, spielt natürlich auch im Hinblick auf das Sexualleben eine bedeutende Rolle. Bedingt durch Funktionsstörungen bestimmter Nervenbahnen, kann dadurch das Sexualleben beeinträchtigt werden.

Vorweggenommen sei, dass Sexualität bei MS keinesfalls schadet, sondern das Gegenteil der Fall ist. Oft gehen Partner von MS-Erkrankten davon aus, dass die eigenen sexuellen Bedürfnisse für den Erkrankten eine Zumutung seien und möchten sie deshalb auch nicht offenbaren. So kann sich aber eine psychische Kluft zwischen den Partnern aufbauen, die die Beziehung, die ja ohnehin durch die MS an sich schon oft vorbelastet ist, noch zusätzlich belastet.

Eine weitere Ursache von sexuellen Störungen bei chronischen Erkrankungen können psychische Probleme sein. Auch bei Gesunden ist kaum ein Gebiet so intim, so Scham- und Angstbesetzt, wie die eigene und die Paar-Sexualität. Und kaum etwas anderes in einer Beziehung macht uns so verletzlich. Wenn es sich um das Thema Sexualität handelt, wird manch Wortgewandter plötzlich stumm, schweigsam und verschlossen. Es ist schwer, sich sprachlich so auszudrücken, dass man nicht einsilbig oder zu ausschweifend wird. Zugeknöpft und reserviert zu sein, weil man nicht die richtigen Worte findet, löst das Problem nicht: ein heikles Unterfangen, sogar zwischen festen Sexualpartnern.

Andererseits ist natürlich Sexualität aber auch eine wundervolle Möglichkeit, Nähe zum geliebten Partner herzustellen und zu halten, oder in schwierigen Lebensphasen nicht den „Kontakt" zueinander zu verlieren.

Gerade, wenn ein Paar mit der Diagnose MS eines der Partner, oder auch beider Partner, leben muss, versteht man, wie wichtig es ist, sich gegenseitig zu begreifen, zu verstehen.

Denn durch fehlende Sexualität auf Grund chronischer Krankheiten, kann sich sowohl auf der körperlichen, als auch auf der Beziehungsebene so Vieles verändern. Davor hat natürlich jeder in der Beziehung Angst.

Aber chronische Erkrankungen und MS führen nicht zwangsläufig zu sexuellen Funktionsstörungen. Wenn aber die Nervenbahnen, die zu den erogenen Zonen und Genitalien führen, durch die Krankheit beeinträchtig sind, kann es unter anderem zu Sensibilitätsverminderung in diesem Bereich kommen. Das Gleiche gilt für Medikamente und ihre Nebenwirkungen!

Oft treten Probleme mit der Sexualität erst im Laufe der Jahre ein und so auch oft erst im Laufe der bestehenden Beziehung. Das hat sicherlich den Vorteil, dass man schon auf viele Jahre befriedigender Sexualität zurückschauen kann und auch schon eine gewisse Nähe und Intimität aufgebaut hat. Dies kann ein Gespräch über neu auftretende Beeinträchtigungen erleichtern.

Schwieriger ist es für chronisch Kranke, die gerade keine Beziehung haben, sich aber einen Lebenspartner wünschen. Denn hier ist die Angst, sich auf Grund ihrer sexuellen Problematik auf eine neue Beziehung einlassen zu wollen, verständlicher Weise enorm hoch. Viele Betroffene stellen sich die Frage: „Kann man denn Nähe entstehen lassen, wenn man Streicheln nicht ertragen kann, oder an den üblichen erogenen Zonen nichts mehr spürt?"

Dies ist eines der Hauptprobleme in Bezug auf dieses Thema – das haben meine Recherchen und Interviews ergeben.

Eine neue Beziehung einzugehen, ist immer aufregend und auch für Gesunde etwas Besonderes. Eine sexuelle Beziehung daraus zu machen, ist ein nächster Schritt, der im besten Fall völlig unproblematisch abläuft.

Wenn man weiß, dass man sexuell nicht mehr aktiv sein kann, (oder nicht mehr in dem Ausmaß, wie das früher der Fall war), ist es eine große Hürde, eine neue sexuelle Beziehung eingehen zu wollen. Diese Barriere braucht viel Selbstvertrauen, Mut und Selbstbewusstsein, um überwunden zu werden. Sie setzt ein besonders großes Vertrauen, fast schon einen Vertrauensvorschuss, in den neuen Partner voraus.

Auch Außenstehende haben viele Fragen im Kopf in Bezug auf Sex und Behinderung. Zum Beispiel: „Kann jemand, der chronisch krank ist, eine Erektion bekommen? Hat er dabei Schmerzen?" Und Vieles mehr…

Oft ist Anderen die Vorstellung, dass Behinderte Sex haben, sogar peinlich und unvorstellbar.

Da Sex ja auch eine Fortpflanzungsmöglichkeit ist und somit eine Weitergabe der Gene bedeutet, ist dieser Aspekt eine weitere Überlegung von Vielen. Zum jetzigen Wissenstand geht man bei MS davon aus, dass sie nicht vererbbar ist, es allerdings eine genetische Disposition gibt. Oft wird den Betroffenen auch die Verantwortung als potentielle Eltern nicht zugetraut.

Man sieht an all den aufgeworfenen Fragen also, dass dieses Thema Sexualität ein sehr weites Spektrum umfasst.

Fakt aber ist: zu einem selbstbestimmten Leben als Mensch mit Behinderung gehört auch die selbstbestimmte Sexualität!

✓ ***Behinderte Menschen sind selbstbestimmte Menschen!***

Auch für chronisch Kranke gilt, dass es grundsätzlich keine Unterschiede in den sexuellen Bedürfnissen gibt, denn es ist ein Grundbedürfnis, das bei fast allen Menschen gleich ist.

Flirten, Freundschaften, Beziehungen, sowie Zärtlichkeiten und Sexualität gehören zu einem erfüllten Leben. Mit oder ohne chronische Erkrankung!

Manche Betroffene leiden darunter, dass ihr Bedürfnis nach Zärtlichkeit und sexueller Lust unerfüllt bleibt und ihr Sexualleben eingeschränkt ist, obwohl sie in ihren sexuellen Empfindungen nicht beeinträchtigt sind.

Selbst wenn sie durch ihre Erkrankung benachteiligt sind, kennen sie vielleicht das Gefühl der Lust und würden es gerne wieder erleben. Doch Sexualität, Liebe und Partnerschaft, Schwangerschaft und Familienplanung, Verhütung und Kinderwunsch haben oft wenig Raum in der Lebenswirklichkeit von Menschen mit Behinderung. Dies ist sehr schade.

Deshalb ist ein offener Umgang mit diesem Thema, auch in der Öffentlichkeit, umso wichtiger.

Wenn eine Erkrankung des zentralen Nervensystems (ZNS) vorliegt, wird es in Bezug auf das Sexualleben besonders spannend. Denn durch Funktionsstörungen bestimmter Nervenbahnen kann das Sexualleben erheblich beeinträchtigt werden.

Sexualität ist nicht nur ein natürliches Bedürfnis jedes Menschen, sondern sie ist auch Ausdruck von Liebe, Wertschätzung und Anziehungskraft in einer Partnerschaft. Wenn nun Probleme in der Sexualität auftauchen, kann das die Lebensfreude und das Lebensgefühl beider Partner erheblich beeinträchtigen.

Natürlich führt nicht jede chronische Erkrankung (gleichermaßen) zu sexuellen Funktionsstörungen. Oft hat es auch andere Gründe. Wenn aber die Nervenbahnen, welche zu den erogenen Zonen und Genitalien führen, durch die entsprechende Krankheit beeinträchtigt (gestört) werden, kann es in den entsprechenden Bereichen beispielsweise zu Sensibilitätsverminderung kommen. Und viele Begleitsymptome einer Erkrankung, wie abnorme Müdigkeit, Schmerzempfindlichkeit, Spastizität oder auch Inkontinenz können die Probleme ver ursachen oder die Sexualität „schwierig/anstrengend" werden lassen.

Deshalb widme ich mich auch noch dem Thema „Intimität", da hier eine andere Form der Nähe und Zugehörigkeit möglich ist. Denn der Geschlechtsakt muss nicht der einzige Weg sein, um seine Liebe, Achtung, Zugewandtheit und Fürsorge mitzuteilen. Ein liebevolles Miteinanderkuscheln, sich in den Arm zu nehmen, Haut an Haut zu liegen, kann ebenfalls ein intensives erfüllendes Erleben in einer Partnerschaft sein und grenzt sich somit auch immer noch von der Intimität unter Freunden ab.

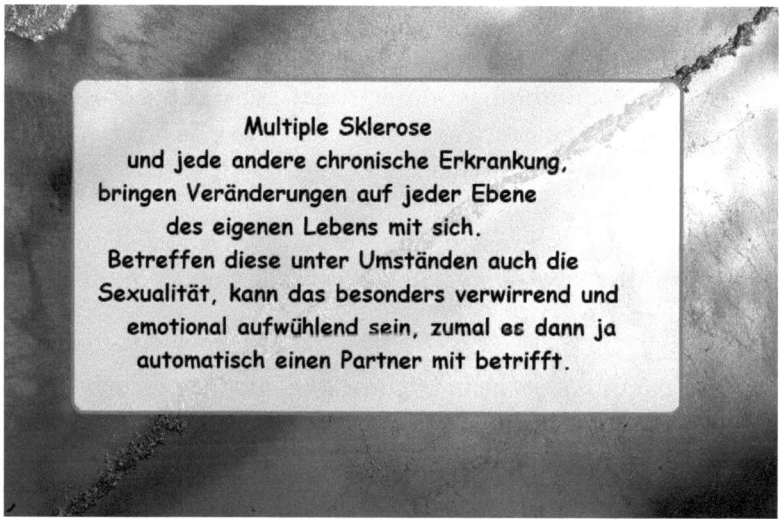

Multiple Sklerose
und jede andere chronische Erkrankung,
bringen Veränderungen auf jeder Ebene
des eigenen Lebens mit sich.
Betreffen diese unter Umständen auch die
Sexualität, kann das besonders verwirrend und
emotional aufwühlend sein, zumal es dann ja
automatisch einen Partner mit betrifft.

INFORMATIONEN
zu sexuellen Störungen

Rund 80 % der Männer, und 50% der Frauen mit MS haben sexuelle Störungen. Davon haben je nur 40% der Betroffenen jemals mit einem Neurologen gesprochen. Dies zeigt, dass das Thema immer noch sehr schambesetzt ist

Man unterscheidet bei MS und sexuellen Störungen zwischen
(Foley und Werner, 2000)

- **primäre Funktionsstörung**: Das sind die Symptome, die direkt durch die MS bedingt sind (entsprechende Läsionen im Gehirn oder Rückenmark).
  Z. B. bei Männern Erektionsstörungen, oder bei Frauen eine geminderte genitale Sexualität oder Befeuchtung.

- **sekundäre Funktionsstörung**: andere Symptome der MS, wie Blasenentleerungsstörung, oder auch Fatigue: wenn man nach einem langen Tag keine Lust mehr auf Sex hat – dies kann eine ernsthafte Störung in Partnerschaft sein.

- **tertiäre Funktionsstörung**: geänderte Rolle, die ein MS-Patient hat, z. B. sein Selbstbild (bin ich mit MS noch sexuell attraktiv?)

In MS-Zentren oder beim Neurologen gibt es Fragebögen, die schon einmal abklären können, ob eine Störung vorliegt, welcher Art sie ist und ob sie behandelbar ist. Kein MS-Patient sollte sich scheuen, seinen behandelnden Arzt um Rat zu fragen.

Bei der ***primären Funktionsstörung*** (= das direkte Resultat und die Folge neurologischer Veränderungen, bei denen die sexuellen Reaktionen gehemmt werden) ist es häufig, dass der männliche MS`ler keine Erektion mehr bekommen kann und unter Ejakulationsstörungen (Ejakulation = Samenerguss) leidet. Dies kann man unter Umständen mit entsprechenden Medikamenten behandeln. Oft erleichtern diese Medikamente eine Erektion und man kann sie länger halten und somit zu einem befriedigenden Sex kommen.

Es kann zu einer Abnahme oder einem Verlust des Sexualtriebs kommen und zu verringerten oder unangenehmen genitalen Empfindungen, sowie einer reduzierten Orgasmus-Fähigkeit.

Es gibt jeweils einige Therapien, die der Neurologe kennt. Oft wird der Betroffene auch zu einem Urologen überwiesen.

Bei Frauen ist das häufigste Problem eine verminderte Sensibilität, die eventuell durch mehr Stimulation verbessert werden kann. (wenn Berührungen MÖGLICH SIND).

Oder aber sie haben eine zu trockene Vagina, der man durch Befeuchtung, also einem Gleitmittel, nachhelfen kann.

Das Wichtigste ist auch hier, über die Probleme zu reden und Lösungen zu finden. Das erste Gespräch findet sicher mit dem Sexualpartner statt, oder aber auch mit dem Neurologen und anderen beteiligten Ärzten.

Bei der *sekundären Funktionsstörung* (zurückzuführen auf Symptome, die nicht direkt die Genitalien betreffen); ist es besonders wichtig zu schauen, was genau stört.

Zur sekundären Funktionsstörung gehören zum Beispiel: Inkontinenz (Blasen- und/oder Darmprobleme), Spastiken, Muskelschwäche, Müdigkeit, Zittern, Fatigue, kognitive Leistungsstörungen (Probleme mit der Konzentration und Aufmerksamkeit), sowie nicht-genitale Sensibilitätsstörungen.

Ist es zum Beispiel eine Spastik, sollte man mit dem behandelnden Arzt darüber sprechen und die Spastik direkt behandeln. Die genauen Anweisungen gibt dann der Arzt.

Handelt es sich um eine Fatigue, ist es wichtig auszuloten, zu welchem Zeitpunkt die Fatigue am Häufigsten auftritt. Es ist eventuell sinnvoll, den Zeitpunkt, zu dem man üblicher Weise erschöpft ist, für eine sexuelle Aktivität zu meiden. Man könnte einen geeigneten Augenblick wählen (zum Beispiel nicht nach einem langen Arbeitstag, sondern beispielsweise vormittags an einem Sonntag, wenn man ausgeschlafen und noch fit ist).

Bei Blasenfunktionsstörungen ist es wichtig, vorher auf die Toilette zu gehen und auch dafür eventuell zeitnah Medikamente zu nehmen.

Die *tertiäre Funktionsstörung* hat ihren Ursprung im Zusammenhang mit der Behinderung in psychosozialen und kulturellen Faktoren. Diese können sich auf die sexuellen Gefühle und Erfahrungen der betroffenen Personen auswirken.

Hier ist es notwendig, die eventuell neue soziale Rolle zu klären, die durch die MS entstanden sein kann. Man ist beispielsweise nicht mehr der Partner mit „der Power", die der Andere vorher gerade so sehr an ihm geliebt hat. Oder man hat zugenommen und fühlt sich selbst nicht mehr attraktiv und so weiter!

Deshalb ist es genau in diesem Fall auch so wichtig, sein Selbstbewusstsein zu stärken.

Und genau darum ist ein Gespräch mit dem Partner eine dringende NOTWENDIGKEIT. Es sollte von Offenheit geprägt sein und muss zur Klärung dieser Ängste beitragen. Ein Neurologe, Urologe und/oder Gynäkologe können auch hier helfen: mit Zuhören, Beraten und Behandlungsvorschlägen.

Außerdem ist immer mit in Erwägung zu ziehen, ob eine Psychotherapie hilfreich sein kann.

Ich persönlich halte eine psychotherapeutische Begleitung sowieso für chronisch Kranke sehr sinnvoll, da sich meist sehr viel im Leben des Betroffenen verändert und man seinen „Status Quo" immer und immer wieder neu anpassen muss.

Nicht selten treten ein vermindertes Selbstwertgefühl, Schuldgefühle und Angst auf: Diese können sich sogar zu einer Depression entwickeln. Da kann ein guter Psychologe äußert hilfreich und lebensbejahend sein und entsprechend einwirken.

Wenn sexuelle Probleme dazukommen, ist das eigene Weltbild des Betroffenen nochmal mehr beeinträchtigt und auf den Kopf gestellt. Eine gute Psychotherapie, eine Paartherapie, oder auch eine Sexualtherapie können hier sicher Wunder wirken, neue Welten öffnen und zu mehr Nähe und Intimität führen. Davor sollte niemand Angst haben.

✓ **Eine gute Beziehung ist es immer WERT gerettet zu werden.**

Die Diagnose Multiple Sklerose stellt oft das Leben von Betroffenen und Angehörigen von einem auf den anderen Tag auf den Kopf. Symptome kommen hinzu, Schübe explodieren, oder man hat die schleichende Form der MS und der Zustand verschlechtert sich zusehends stetig bergab.

Selbst die vielleicht auch nur „kleinen" Beeinträchtigungen verändern die Wahrnehmung des eigenen Körpers und damit auch die Rolle, die in einer Partnerschaft eingenommen wird.

Es wird sich leider häufig nicht zugestanden, mit dieser Erkrankung auch körperlich und sexuell attraktiv zu sein.

Dafür gibt es viele Beispiele, aber das Nachdenken darüber, kann dann ein erster Ansatz zur Besserung sein. Es ist deshalb wichtig, etwas für ein besseres Körpergefühl zu „tun", auch wenn das weder einfach noch lustig ist. Man kann es selbst entwickeln, indem man sich auf fürsorgliche und liebevolle Art erkundet und dabei feststellt, wo Berührung guttut und wo vielleicht nicht. Dann könnte im nächsten Schritt mit dem Partner darüber gesprochen werden.

Man würde so einen besonderen Weg gehen, nämlich den Weg in Richtung Beziehung und Intimität, in dessen Verlauf vielleicht ein Wiederaufleben der sexuellen Beziehung stehen könnte. Dieser Weg ist sicherlich ebenfalls nicht einfach und gegebenenfalls auch lang, aber er lohnt sich sicherlich und zwar für BEIDE Partner.

Voraussetzung dafür ist allerdings wieder eine sehr vertraute und vertrauensvolle Beziehung. Aber wer nicht wagt, der kann nicht gewinnen: vielleicht ist dieser Weg sogar DER Weg, der einer Partnerschaft gefehlt hat.

> ✓ **Auch Gesunde dürfen diesen Weg gehen – er würde manchem Paar guttun.**

Im Sinne von Sexualität und MS gibt es nicht ein einzelnes Lustzentrum, das zum Beispiel durch einen Herd im Gehirn geschädigt werden könnte. Sondern es ist die Verbindung zwischen den Geschlechtsorganen und dem Gehirn, die bei MS beeinträchtigt sein kann. Dies kann dann zu reduzierter Stimulierbarkeit führen.

Depression ist ebenfalls ein großes Thema bei chronisch Kranken. In Bezug auf Sexualität kann sie natürlich auch große Auswirkungen haben.

Ein Partner fragt sich vielleicht, ob der Depressive, wenn er im Alltag schon nicht mehr viel fühlt, überhaupt den Sex fühlen, spüren und positiv erleben kann. Auch das sollte angesprochen werden. Vielleicht schafft es ja der Erkrankte, sich zu äußern und auch während der sexuellen Aktivität ein Zeichen von „Spüren" zu geben, um dem Partner nicht das Gefühl zu vermitteln, seine Bemühungen seien sinnlos.

Also kann insgesamt einerseits die emotionale und psychische Belastung eines Betroffenen so groß sein, dass er schlicht und ergreifend den Spaß an seiner Sexualität verliert und auch gar kein Verlangen mehr nach Zärtlichkeit und körperlicher Liebe hat. Oder aber, die Verlaufsform bedingt diese Problematik. Oftmals kommen beide Faktoren zusammen und verstärken sich zusätzlich noch gegenseitig.

Manche Betroffene haben Sorge, dass ihre sexuelle Aktivität ihrem Körper schadet, weil sie vielleicht zu anstrengend wäre, oder gar einen neuen Schub auslösen würde. Aber diese Angst ist wohl medizinisch gesehen ungerechtfertigt. Was für ein Glück!

Wichtig ist es immer, seine sexuellen Probleme im Gesamtkontext zu sehen. Wie so oft bei MS und den verschiedenen Behandlungsformen, ist das „ganzheitliche Prinzip" ausschlaggebend. Denn ein Symptom allein zu „beheben" hilft oft nicht der Gesamtproblematik.

Deshalb muss man diese Probleme oder Störungen im Kontext betrachten. Man sollte sich die Fragen stellen, ob es Probleme mit dem Partner, der Familie, oder im Umfeld gibt. Und dies sind nur einige der Fragen, die es zu beantworten gilt. Denn diese Probleme dürfen niemals als einzelne, für sich stehende Probleme betrachtet werden.

Häufige sexuelle Probleme

- Verringerte Libido
- Kein Lustempfinden mehr
- Kraftlosigkeit
- Beim Mann: keine Erektion, oder keine anhaltende Erektion
- Bei der Frau: Schmerzen beim Geschlechtsverkehr, trockene Vagina, Scheidenkrämpfe
- Spastiken
- Keine Energie
- FATIGUE und ständige Müdigkeit
- Generelle Schmerzen
- Jedes „Anfassen" ist unerträglich
- Orgasmus-Probleme
- Inkontinenz
- Blasenstörungen
- Bewegungseinschränkungen
- Taubheit der Geschlechtsorgane und der entsprechenden Regionen
- Taube Mundpartie, oder auch Gesichtshälfte, die das Küssen beeinträchtigt (bei MS)
- Kribbeln, das vom Empfinden ablenkt
- Veränderungen der Aufmerksamkeit und Konzentration

Mit viel Glück treten sexuelle Schwierigkeiten auch nur zeitweise, oft auch „nur" im Rahmen eines MS-Schubes, auf. Leider bleiben sie manchmal auch dauerhaft erhalten.

„Störung" behandeln oder nicht?

Man muss sich wirklich gut überlegen, ob die „Störung" eine grundlegende und wirklich eingreifende Unstimmigkeit für die Partnerschaft ist. Prinzipiell muss nämlich gar keine Sexualstörung behandelt werden, wenn sie dem Betroffenen und dem dazugehörigen Partner keinen Stress verursacht. Meistens schafft Lustlosigkeit nur dann Probleme, wenn der andere Partner deutlich lustvoller ist.

Es ist wirklich an der Zeit, mit dem Mythos der Lustlosigkeit aufzuräumen.

Wie oft werden generell (pauschalisierend) Frauen als lustloser benannt? Sehr häufig! Und das, obwohl sie es vielfach gar nicht sind.

Es gibt auch „sexuell neutrale" Personen: sie könnten mit dem Partner Sex haben und es würde ihnen auch Freude bereiten. Aber genauso wäre es ok, wenn sie keinen Sex hätten. Das ist weder krank, noch unnatürlich. Jedes Individuum ist nun einmal unterschiedlich. Solange beide Partner das gleiche Interesse, die gleiche Lust, oder auch Zufriedenheit in ruhigeren Phasen haben, ist das völlig ok und normal. Manche brauchen einfach nur einen innigen Kontakt, ein bisschen Kuscheln und Aufmerksamkeit und merken somit, dass sie „gesehen" und geliebt werden und brauchen keinen Sex.

Wenn ein Paar also mit einer „vermeintlichen sexuellen Störung" sehr gut und ausgeglichen leben kann, dann muss dies nicht als Problem behandelt werden. Weder im psychischen Bereich, noch im körperlichen Sinne.

TABU-Brüche

Leider gehören gerade in Hinblick auf Menschen mit Behinderung noch viele Tabus zum Thema Sexualität.

Insbesondere dann, wenn es sich um Menschen mit schweren körperlichen Behinderungen handelt. Die meisten Menschen, ob mit oder ohne Behinderung, leben ihre Sexualität am liebsten in einer festen Partnerschaft aus. Deshalb gehören die Themen Partnerschaft und Sexualität eng zusammen.

Und darum soll es auch in diesem Buch gehen. Partnerschaft und Sexualität, gepaart mit Behinderungen.

Menschen mit Behinderung haben die gleichen sexuellen Wünsche und Sehnsüchte wie gesunde Menschen. Diese können sehr individuell und vielfältig sein, aber nicht immer können alle Wünsche erfüllt werden. Ignoriert werden sollten sie aber niemals.

Wichtig ist, dass die Partner genau wahrnehmen können, was individuell als Erfüllung verstanden wird. Dazu müssen Gespräche untereinander geführt werden, die von Vertrauen und Wertfreiheit gekennzeichnet sein müssen.

Freundschaft, Liebe, Partnerschaft, Zärtlichkeit, Geborgenheit, Leidenschaft – das sind die Worte, die wir alle in einer glücklichen Liebes - Beziehung erleben möchten.

Aber auch für gesunde Altersgenossen ist das oft nur ein Traum.

Bei meinen Recherchen bin ich auf viele gesunde Paare gestoßen, die mit ihrer gelebten Sexualität nicht zufrieden waren.

Sexualität gehört zu jedem Menschen und entwickelt sich individuell ein Leben lang.

Aspekte wie Geschlecht, Körperwahrnehmung, Aufklärung und Wertvorstellungen spielen dabei eine große Rolle. Auch die Lebensplanung ist ein entscheidender Prozess in der Lebenslaufbahn eines jungen Menschen hin bis zum Erwachsenen-Alter.

Es sind Aspekte wie Identität, Beziehung, Lust und Fruchtbarkeit, die aufzeigen, dass Sexualität weit mehr umfasst als Geschlechtsverkehr im Erwachsenenalter.

Erwachsene Menschen mit Behinderung sind meist mit besonderen Lebensbedingungen konfrontiert und nicht selten in größerem Maß auf Unterstützung angewiesen. Und dies gilt womöglich dann auch beim Thema Sexualität.

Menschen mit Behinderung brauchen so Vieles, um ihre Potenziale entwickeln und ihre Rechte möglichst eigenverantwortlich wahrnehmen zu können. Das kostet Energie und Kraft, die der Betroffene oft nicht aufbringen kann. Deshalb ist es so wichtig, ihnen Zugang zu verständlichen Informationen zu verschaffen und ihnen ein umfangreiches Wissen über den eigenen Körper und den des anderen Geschlechts zu bieten.

Denn nur wer informiert ist und über „Hintergrundwissen" verfügt, kann selbstbestimmter eigene Entscheidungen fällen und vor allem Wünsche äußern – auch sexuelle Wünsche – denn das ist in einer Partnerschaft maßgeblich und das Fundament.

Sexualität ist ein kraftgebender, energiespendender und inspirierender (Teil-) Lebensbereich.

Die Erotik ist eine wunderbare Sprache, in der Menschen miteinander kommunizieren können. Intimität ist deshalb weit mehr als Sex.

„Störungen" und LÖSUNGS-IDEEN

1) Probleme mit der Erektion (Erektile Dysfunktion)

Männern mit und ohne chronische Erkrankungen kann es ab und zu, oder dauerhaft, passieren, dass die Erektion nicht oder nicht ausreichend „anhält". Dies kann ganz unterschiedliche Ursachen haben. Zum Beispiel eine allgemeine körperliche Schwäche, sowie emotionale oder seelische Gründe.

Mögliche Ursachen für eine dauerhafte Erektionsschwäche müssen individuell vom geschulten Mediziner untersucht werden. Nur so kann festgestellt werden, ob die Ursachen organischer oder psychischer Natur sind. Denn dementsprechend werden die Symptome dann auch jeweils unterschiedlich behandelt. So schwer es ist: wenn man sich entschließt, sich einem Arzt anzuvertrauen, ist Offenheit wichtig. Teil-Informationen können dem besten Arzt in der Diagnose behindern, zu Fehl-Diagnosen führen und somit seine Vorschläge zur Besserung und Hilfe beeinträchtigen.

MS ist eine Erkrankung des zentralen Nervensystems. Deshalb kann sie auch direkte Auswirkungen auf die Sexualität des Betroffenen haben. Beispielsweise auf die Empfindsamkeit und die sexuelle Reaktion.

Es gibt zur Behandlung einige spezifische, auf die MS-Problematik abgestimmte, Medikamente. Aber hier muss eine eingehende urologische Untersuchung vorangehen und die Einnahme der Medikamente muss vom behandelnden Arzt regelmäßig kontrolliert werden.

Außerdem gibt es verschiedene mechanische Hilfsmittel, die ebenfalls helfen können. Dazu gehören zum Beispiel Vakuumpumpen und Stäbchen, die in den Penis implantiert und dann nach Bedarf versteift werden. Auch hier gilt es, den Neurologen und Urologen zu befragen.

Des Weiteren ist das Problem der Ejakulation, beziehungsweise Schwierigkeiten beim Erlangen des Orgasmus, eine typische Sexualstörung bei MS und anderen chronischen Erkrankungen. Die Ejakulation kann verzögert sein oder gar nicht stattfinden.

Probleme mit der Ejakulation können sowohl neurologische als auch psychologische Ursachen haben (oder beides zusammen).

Das Tragische am Verlust der Orgasmus-Fähigkeit ist, dass es hier entweder zu Schuldzuweisungen (sich selbst oder dem Partner gegenüber), oder auch zu Selbstzweifeln und einem reduzierten, bis gar erlöschenden Selbstvertrauen führen kann.

Deshalb sind Gespräche mit dem Sexualpartner so unendlich wichtig, denn nur wenn die Beziehung auf gegenseitiger Achtung und liebevollem Vertrauen besteht, kann man auch in Ruhe und mit Humor und viel Bedacht über andere Sexualpraktiken nachdenken.

> **Und vielleicht muss man sich auch von dem Vorurteil lösen, dass nur der Geschlechtsverkehr allein das Mittel der Wahl ist.**

2) POTENZ-Störungen

Impotenz ist das häufigste sexuelle (MS-)Problem beim Mann. Aber Impotenz hat nicht immer einen organischen (körperlichen) Ursprung. Deshalb ist es mir wichtig, diese Störung hier nochmal einzeln zu erwähnen und zu beleuchten.

Impotenz ist ein Symptom, das auch durch großen Stress ausgelöst werden kann.

Und nicht selten sind Männer (mit MS) von Impotenz betroffen, obwohl keine spezielle Läsion auf diesen Bereich zurückzuführen ist und somit eigentlich die sexuelle Aktivität nicht beeinträchtigt sein dürfte.

Das heißt also zum Beispiel, dass Impotenz und sichtbare Läsionen in solch einem Fall medizinisch gesehen dann nicht zusammen „passen".

Deshalb ist das Gespräch mit dem Neurologen, der die Läsionen ja zuordnen kann, so enorm wichtig. Denn spätestens jetzt sollte man hellhörig werden. Man ist deprimiert über seine Impotenz und ordnet sie der chronischen Erkrankung zu, aber eventuell ist sie „nur" das Ergebnis einer psychischen Belastung unter der man steht.

Wenn MS-Läsionen bestimmte Bereiche der Wirbelsäule betreffen, kann der Patient an einer Impotenz leiden, die wirklich organischen Ursprunges ist. Sollte diese Läsion aktuell entstanden sein, kann durch die Gabe von Corticosteroiden Besserung erreicht werden.

Liegt die Ursache in einem Medikament oder einer Begleit-Erkrankung, wird die Therapie zunächst hier ansetzten. Ist dies geschehen, kann der Arzt zum Beispiel eine medikamentöse Behandlung einleiten, welche die Potenz erhöht und verbessert.

Weitere Möglichkeiten sind beispielsweise die sogenannte „Schwellkörper-Autoinjektion (SKAT)", operative Verfahren, der Einsatz eines Konstriktionsringes oder von Vakuumpumpen.

Bitte nehmen Sie frühzeitig Hilfe in Anspruch. Vertrauen Sie sich am besten Ihrem behandelnden Arzt an.

3) Spastiken

Andere Probleme können sein: gesteigerte Muskelspannung (Spastik), beispielsweise in den Oberschenkeln. Diese können solche Schmerzen verursachen, dass man den Geschlechtsakt abbrechen muss und ihn noch dazu für ein nächstes Mal schon von vorneherein ausschließt. Oder es könnte bedeuten, dass man zu oft die Stellung wechseln muss, was man kräftemäßig nicht schaffen würde.

Solche Spasmen können medikamentös behandelt werden. Wichtig ist die Wahl des richtigen Zeitpunktes der Einnahme, damit ein bestmögliches Ergebnis erzielt werden kann.

Auch hier gilt: am besten sucht man einen kompetenten Facharzt auf. Und wie immer ist es auch hier wichtig, das Gespräch mit dem Partner zu suchen. Dies sollte geprägt sein von Offenheit, liebevoller Zärtlichkeit und einem herzlichen Verstehen. Ob man das Ausprobieren neuer Praktiken als eine angenehme Form der Zwiesprache empfindet, obliegt jedem Paar selbst. Manchmal gibt es für scheinbar unlösbare Probleme doch eine einfache Lösung.

Sich Zeichen auszumachen, die während des Geschlechtsaktes direkt einen gemeinsamen „Abbruch" stattfinden lassen, um die Spastik einzudämmen, um eine kraftlose Hand wieder nach einer Ruhepause beleben zu können (und so gibt es noch viele Beispiele), ist eine Möglichkeit, ohne große Worte für eine notwenige Unterbrechung zu sorgen, kurz oder länger auszuruhen und dann eventuelle weiterzumachen.

Eine sehr langanhaltende Spastik möchte sicherlich niemand riskieren, andere „Folgen" ebenso nicht und damit Sex auch weiterhin Spaß macht, braucht es diese kleinen Zeichen, Code-Wörter, die einer direkten Handlung bedürfen. Dass all diese wertfrei und respektvoll geschehen sollte, steht außer Frage. Sich lange zu erklären, oder auch zu entschuldigen ist sicherlich eher ein „Liebestöter", als ein wertfreies Ausruhen, das man mit Kuscheln und liebevollen Worten überbrücken kann.

4) Empfindungsstörungen

Frauen mit MS betrifft sehr häufig eine verminderte Empfindsamkeit in der Genitalregion. Dies kann zu Trockenheit der Vagina führen, was wiederum äußerst schmerzhaft ist (hier helfen beispielsweise Gleitmittel) – und wie immer, das Gespräch mit Partner und Ärzten. Ich erwähne das bewusst immer wieder, weil ich in meinen Interviews festgestellt habe, dass dies einfach oft nur vergessen, oder gar nicht in Betracht gezogen wird.

Empfindungsstörungen können sich unterschiedlich äußern: manche Betroffene haben stechende Schmerzen, wenn sie angefasst werden. Sei es eine „normale" Berührung am Arm oder an anderen Körperstellen und ganz besonders in der Genitalregion. Diese Schmerzen können so schrecklich sein, dass diese Betroffenen große Angst vor nur leichten Berührungen, geschweige denn vor „unkontrollierten" Berührungen während des Sexes haben.

Beispielsweise kann bei Betroffen mit diesen Sensibilitätsstörungen und der Hautüberempfindlichkeit selbst das Tragen von Jeans für sie eine echte und sehr ernstzunehmende Problematik darstellen.

Dass in solchen Fällen die Angst vor Sex und Berührungen wächst, ist unausweichlich und natürlich sehr dramatisch.

Sex – Berührungen – Genuss: das mag dann hier so gar nicht zusammenpassen und lässt bei vielen Paaren den Sex „einschlafen". Das ist dann besonders tragisch, wenn das Lustempfinden beim Betroffenen und auch dem Partner normal vorhanden ist, sie aber tatsächlich aus diesen Gründen keinen Sex ausüben KÖNNEN.

Hier ist es ein notwendiges MUSS, die Kommunikation zu suchen und nach Lösungen zu suchen. Auch mit einem Arzt zusammen.

Bei Kranken, die unter Kontinenz-Problemen leiden, können verständlicher Weise aus Angst vor unkontrolliertem Urin- oder Stuhlabgang, Probleme mit der Sexualität die logische Folge sein.

Bei Harn-Inkontinenz kann es helfen, vor dem Sex weniger Flüssigkeit zu sich zu nehmen und auf jeden Fall die Blase vorher zu leeren. Spezielle Medikamente, die man direkt vor dem Geschlechtsakt einnimmt, können ebenfalls kurzfristig helfen.

Diese Symptome können eine direkte Folge von Entzündungsherden im Gehirn oder Rückenmark sein. Sie können aber als auch Begleiterscheinungen von Blasenstörungen, Spastik oder Schmerzen auftreten.

5) Kognitive Störungen

a) Veränderungen der Aufmerksamkeit

Veränderungen der Aufmerksamkeit und Konzentration können sogar die Fähigkeit beeinträchtigen, das sexuelle Interesse aufrechtzuerhalten. Kognitive Leistungsstörungen sind ein bekanntes Symptom der MS und anderer chronischen Erkrankungen und spielen nun sogar auch im sexuellen Bereich eine Rolle.

Auch darüber muss offen mit dem Partner geredet werden, denn er könnte abflachendes „Interesse" falsch und als Zurückweisung verstehen. Man selbst oder der Partner könnten auch Schuldgefühle bekommen, was wiederum nicht förderlich für ein kuscheliges Beisammensein ist. Man muss dieses Symptom sehr ernst nehmen, da es in einer Partnerschaft potentiell zu erheblichen Missverständnissen und emotionalen Belastungen führen kann.

Diese als negativ empfundenen Gefühle können die momentane Ablenkbarkeit noch weiter verstärken oder zum völligen Aufgeben der sexuellen Aktivität führen.

Das Schwierige an diesen kognitiven Leistungsstörungen ist ja, dass sie bei Ermüdung verstärkt auftreten!

Das heißt also, dass es für einen solch Beeinträchtigten leider notwendig ist, auch beim, beziehungsweise vor dem Sex ein Energie-Management zu betreiben und „sicherzustellen", dass er kognitiv fit ist, wenn er Sex hat.

Dass dies nicht unbedingt Spaß macht und ein Liebestöter schon im Vorfeld darstellt, ist nur allzu logisch. Aber man muss sich dann wirklich der Wahl hingeben: planen oder keinen Sex haben können.

b) Reizüberflutung

Auch eine Reizüberflutung muss bei diesen davon Beeinträchtigten unter diesen Umständen vermieden werden, da sie den sowieso schon erschöpften und mental überforderten Chroniker noch mehr erschöpfen würde und er somit zu einer lockeren Sexualität in diesem Moment nicht mehr in der Lage sein könnte.

Dies zu erkennen erfordert viel Einfühlungsvermögen und auch Krankheits-Hintergrundwissen des Partners, als auch eine gute Selbstreflektion des Betroffenen.

Müssen sich beide Partner während des Geschlechtsverkehrs zu sehr auf diese Dinge konzentrieren, wird der Sex viel zu aufreibend und anstrengend und vor allem alles andere als locker und unverkrampft.

Deshalb ist es so wichtig, darüber schon vorher zu sprechen und auch hier wieder bestimmte Zeichen auszumachen, die dem Partner das Bedürfnis nach einem Moment Pause signalisieren und man trotz dem noch kuschelig beisammen liegen kann.

c) Pflege

Außerdem könnte es zu einer verminderten Lust auf Sex kommen, wenn der „gesunde" Partner den „kranken" oder „behinderten" Partner in erheblichem Umfang täglich pflegen und versorgen muss, was bei vielen schweren Erkrankungen im fortgeschrittenen Stadium keine Seltenheit ist.

Wenn Pflege und Versorgung zu einem großen Bestandteil einer Beziehung werden, dann ist es nur schwer möglich, sich zu entspannen und Spaß am Sex miteinander zu haben. Diese Rollenänderungen können von einem immer stärker zunehmenden Gefühl der Isolation in der Beziehung und zu einem verringerten Verständnis der Sorgen und Probleme des Partners führen. Die dann vielleicht verloren gegangene Fähigkeit, den Anderen zu verstehen und diese Überlegungen miteinander durchzuarbeiten, schafft noch weitere und eine folgenschwerere Isolation als man denkt und führt schnell zu Missverständnissen.

6) Fatigue

Fatigue habe ich in meinen anderen Büchern ausgiebig beschrieben und sie kann eine Spaßbremse im Leben von chronisch Kranken sein und werden. Im Alltag mit chronischen Krankheiten kennen das sehr viele Fatigue'ler schon lange und wenn sie sich dann noch dazu im Rahmen der geliebten Sexualität breit macht, würde sie man am liebsten erst recht zum Teufel jagen.

Ständige, auch unangemessene und abnorme Müdigkeit führen unweigerlich zu fehlender Energie, speziell gegen Abend. Deshalb ist es selbst bei Sex mit dem „Damoklesschwert Fatigue" ganz wichtig, sich an ein **Energie-Management** zu halten.

Jeder Fatigue'ler hat im Laufe seiner Krankheits-Karriere sicherlich herausgefunden, wie er am ehesten seine Form der Fatigue bekämpfen kann. So verknüpft es sich dann auch mit dem Sex.

Denn Fatigue stört und beim ausgelassenen Sex besonders heftig. Also sollte man den richtigen Zeitpunkt für seine sexuellen Aktivitäten wählen, was natürlich auch wieder Verständnis des Partners voraussetzt. Aber einen schlafenden und zu Tode erschöpften und ausgelaugten Sex-Partner möchte sicherlich niemand haben.

Hilfreich ist es manchmal auch, sich sonst nicht viel vorzunehmen an einem solchen „Sex-Tag", wenn man ja sowieso schon planen muss.

Ein romantisches gemeinsames Kochen und dann anschließend Liebe machen, schließt sich mit Fatigue oft schon fast aus, da die meisten Fatigue'ler vom Kochen so erschöpft sind, dass sie sich anschließend hinlegen müssen – leider nicht um Spaß zu haben, sondern zum notwendigen Ausruhen und zum Auftanken.

Das Schwächegefühl, das gerne mit der Fatigue einhergeht, aber auch ein eigenständiges Symptom ist, könnte zum Beispiel dadurch ausgeglichen werden, dass neue Stellungen für befriedigende sexuelle Aktivitäten gefunden werden, die entlastender sind und den Körper schonen.

Liegende Positionen können weniger ermüdend sein und Kissen können eine bequeme Lage verbessern. Sich ein Kissen unter einen Arm, eine Hand oder ein anderes beteiligtes Körperteil zu „stopfen", kann so entlasten, dass vielfältiger Sex trotzdem möglich sein kann und außerdem noch für die Muskeln weniger anstrengend wird.

Wer Stellungen in Ruhe ausprobieren möchte, um zu testen, ob sie körperlich machbar sind, kann diese auch schon im Vorfeld ausprobieren. Dies kann helfen, während des Geschlechtsaktes keine unangenehmen Gefühle hochkommen zu lassen und sich selbst auch sicherer zu fühlen. Andererseits kann es natürlich auch eine gewisse Komik haben, wenn man während dessen etwas ausprobiert und sich neu erfindet. Das muss jedes Paar für sich entscheiden.

Ob neue Stellungen bequem sind, kann von Partnern ja gemeinsam und mit einer Prise Humor herausgefunden werden

Auch sollte man nach dem Sex genügend Zeit haben um sich ausruhen zu können.

Das hört sich vielleicht erst einmal komisch und ambivalent an, da Sex ja normalerweise entspannt. Aber viele Chroniker klagen über eine enorme Kraftlosigkeit nach dem Sex, über Zittern und wacklige Beine, über Spastiken und Schmerzen und über eine große Erschöpfung. Der Geschlechtsakt an sich kann für einen Betroffenen schon sehr anstrengend sein und für einen kraft– und energielosen Chroniker erst recht.

Auf keinen Fall aber sollte man sich den Spaß und die Lust nehmen lassen. Chronisch Kranke sind Planen, Organisieren und Energie-Management ja gewohnt. Nun schwappt dies halt auch noch auf die Sexualität über. Einige werden die Spontanität vermissen. Aber ein Leben mit chronischen Krankheiten lässt oft sowieso nur noch wenig Spontanität zu. Also ergeben wir uns und planen – dies kann auch Vorteile haben. :)

Das Wichtigste ist und bleibt, dass der Betroffene lernt, offen über seine Probleme zu sprechen, und dass gemeinsam mit dem Partner nach Lösungen gesucht wird.

Teufelskreis

Der Teufelskreis von eventuell sehr schmerzhaftem Geschlechtsverkehr, der Angst vor Schmerzen, Anspannung des Beckenbodens und anderen Symptomen, ist groß und führt oft schlicht zur Vermeidung von Sexualität.

Viele Partner, vor allem Frauen, „zwingen" sich trotz all dieser Ängste und tatsächlichen Problemen dazu, mit ihrem Partner zu schlafen. Oft nur deshalb, um ihn nicht verletzen oder auch um ihn nicht zu verlieren. Viele geben die Schmerzen leider auch erst zu, wenn sie schon längst unerträglich sind.

Viele Männer wiederum haben Angst vor einem vorzeitigen oder verspäteten Samenerguss, keiner „Standhaftigkeit", oder vor anderen sexuellen Problemen.

Die Folge wird für den jeweils Betroffenen eine große Lustlosigkeit sein, die wiederum für Probleme sorgt:

> Wenn Frauen lustlos sind, werden sie nicht feucht; das heißt, die Scheide wird wund gerieben, was schmerzhaft ist und noch dazu zu Infektionen führen kann.
> Deshalb muss es ausgesprochen und mitgeteilt werden, dass der Geschlechtsverkehr unerträglich ist/wurde und man aussetzen möchte, bis das Problem behoben ist. In dieser Zeit kann man sich auch in Ruhe auf die Ursachenforschung begeben. Man gibt dem Partner zwar einerseits einen „Korb", andererseits gibt man ihm auch die Chance, sich mit eingebunden zu fühlen und selbst zu einer Lösung beitragen zu können. Noch dazu nimmt man ihm vielleicht die Befürchtung, ER sei „schuld" an ihrer Lustlosigkeit.
> Sich auf andere Wege der Intimität einzulassen, kann hier dann Wunder bewirken!

> Bei Männern können eine Angst und die darauffolgende Lustlosigkeit bis zu einer Erektionsstörung führen.
> Psychologisch betrachtet würde „Mann" so gar nicht in die Verlegenheit kommen, mit der Partnerin schlafen zu „müssen/wollen". Auch die eigene Erwartung an sich als Mann, man müsse immer „wollen und können", kann einen unnötigen Druck aufbauen, auf den sich der Körper dann als Schutz mit „vermeintlicher Lustlosigkeit" rächt.
> Ganz viele Männer sind verunsichert, weil die Sexualität jahrelang funktioniert hat und es dann plötzlich vielleicht ein paar Mal aus irgendeinem Grund nicht geklappt hat. Das kann so irritierend und nervenaufreibend sein, dass sie anfangen, sich selbst genauestens zu beobachten. Dabei entwickeln sie natürlich hohen Stress, der sich körperlich auswirkt und die Durchblutung des Penis unterdrückt –

hier kommt der Mann dann in eine Spirale, aus der er kaum noch alleine hinausfindet.

Deshalb gilt für beide Partner in solchen Fällen, sich die Frage zu stellen, ob man selbst überhaupt Kontakt zu seiner eigenen Sexualität hat. Wichtig ist auch die Frage, ob man sowieso noch Kontakt zu sich selbst hat und weiß, was man braucht, was man will und was nicht! Ehrlich mit sich selbst zu sein schadet hier nicht!

Es versteht sich von selbst, dass diese Fragen dann ganz besonders zentral sind, wenn einer der Partner (oder beide) eine körperliche Behinderung/Beeinträchtigung haben.

Eine ehrliche, sehr aufrichtige Kommunikation mit SICH selbst und natürlich mit dem Partner ist der allererste Schritt in Richtung Lösungsstrategie.

Infos rund um die Sexualität

Sexualität ist auch deshalb so ein schwerwiegendes Thema, da es **nie den Betroffenen allein betrifft.**

Bei einigen anderen Symptomen besteht für die Betroffenen die Möglichkeit, sie und ihre Auswirkungen alleine zu bewältigen. Hilfe ist immer schön und auch wichtig, aber Einiges kann man ganz gut alleine schaffen - oder zumindest betrifft es den Partner nicht so umfassend.

Partner von Fatigue-Geplagten haben allerdings schon mit Sicherheit feststellen müssen, wie sehr so eine Fatigue den gemeinsamen Alltag betreffen kann. Und somit betrifft dieser Umstand schon lange nicht mehr nur den chronisch Kranken. Bei Betroffenen, die beim Laufen oder Ähnlichem Hilfe benötigen kann das ebenfalls so sein.

Die Paar-Sexualität allerdings ist davon ganz intensiv betroffen, da sie ZUSAMMEN und nur gemeinschaftlich funktioniert. Also ist der Sexualpartner ganz unmittelbar und DIREKT von den Beeinträchtigungen betroffen. Dies macht diese Situation noch einmal prekärer.

Es ist wissenschaftlich erwiesen, dass das Erleben der eigenen Handicaps maßgeblich davon abhängt, wie ein Betroffener mit seiner Erkrankung umgehen kann - aber auch, wie sein Umfeld auf die Diagnose reagiert.

Das Erste muss aber sein, sich selbst mit seiner Krankheit und den Beeinträchtigungen zu befassen und überdies Strategien zu entwickeln, wie man mit ihnen „verhandelt".

Aber auch der Einfluss und die Sichtweise des Umfeldes sind enorm wichtig. Vor allem tut es dem Betroffenen gut, wenn er spürt, dass ihm Angehörige ein Gefühl von Verstehen geben, ihm glauben und ihm Geborgenheit, Vertrauen und Zutrauen vermitteln. Denn wenn er diese so wichtige und wohltuende Aufmerksamkeit und wohlwollende Anteilnahme nicht erfährt, kann es dem chronisch Kranken natürlich auch nicht so wirklich gut gehen, da er dann zusätzlich noch einen Kampf hat: nämlich sich zu erklären oder zu behaupten.

Noch ein Problem ist die Erwartungshaltung, die „frau/man" an den Sex hat. Glaubt man wissenschaftlichen Berichten, sind wir in den westlichen Kulturkreisen so geprägt worden, dass wir annehmen, Sex müsse immer spontan und leidenschaftlich sein. Wenn nun dieser Sichtweise darüber, was Sex „sein sollte", nicht entsprochen werden kann, kann man als Paar dermaßen enttäuscht sein, dass man keine sexuelle Aktivität mehr haben oder zeigen will. Womöglich zieht man sich völlig zurück, ist selbst verunsichert oder es werden gar Schuldzuweisungen ausgesprochen Damit aber würde man es verpassen, andere Möglichkeiten des sexuellen Zusammenseins auszuprobieren. Man würde ebenfalls verpassen, sich neue Wege der Befriedigung zu ebnen und erfüllende Intimität zu spüren.

Für mich ist es hier wichtig, ganz deutlich zu machen, dass man tatsächlich etwas VERPASSEN könnte. Denn jedes nicht der Norm Entsprechende birgt immer auch die Chance auf eine neue Entdeckung.

Noch dazu sind besonders Frauen, was ihre Körperlichkeit und auch ihr Aussehen betrifft, oft vorbelastet und durch die Erziehung geprägt.

Durch das Leben mit einer schweren Krankheit kann sich dies noch einmal verstärken. Der Selbstwert kann drastisch sinken und die Liebe und Achtsamkeit sich selbst gegenüber ebenfalls. Das kann auf das sexuelle Befinden und Erleben verheerende Auswirkungen haben.

Bei den Männern spielt es nach der Diagnosestellung und vielleicht auch mit fortschreitender Behinderung eine große Rolle, wie sie ihr Selbstbild weiterentwickeln. Denn sie sind ja meist so geprägt, dass sie die Rolle des Ernährers und starken Mannes vermeintlich innehaben (müssen/wollen).

Es ist womöglich hart, verletzend, erniedrigend und demütigend, diese anerzogene und gesellschaftlich geprägte Rolle auf Grund einer Erkrankung verlieren zu müssen.

Das eingeübte oder antrainierte Rollengefüge aufgeben oder Abstriche machen zu müssen, kann ebenso drastische Folgen haben. In Bezug auf das Sexleben des so geprägten Mannes (wenn er sexuelle Störungen hat), wirkt sich das noch heftiger aus. Er empfindet es vielleicht als Schande, nicht mehr der Initiator sexueller Aktivitäten zu sein und nicht seinen Mann „stehen" zu können.

Nicht selten zerbrechen Partnerschaften gar nicht unbedingt auf Grund einer Erkrankung, sondern auf Grund solch falscher oder zu hoher Erwartungen an sich selbst.

Und da wir gerade von kultureller Prägung sprechen: homosexuelle und lesbische chronisch Kranke haben sogar ein doppeltes Problem, da sie leider mit einer kulturbedingten, sozusagen einer verdoppelten Problematik, konfrontiert werden. Denn leider gelten „Behinderungen" ja sowieso oft als Auslöser, Betroffene an den Rand der Gesellschaft oder in die Einsamkeit zu drängen. Dies gekoppelt mit einer Homosexualität, die ja leider auch ohnehin schon für viele Menschen ein Problem darstellt, kann noch heftiger werden – was mehr als ungerecht ist!

Homosexuelle chronisch Kranke haben mit den gleichen Problemen wie oben beschrieben zu kämpfen und müssen **noch dazu** gegen eine intolerante Gesellschaft/Kultur ankämpfen. Dies führt natürlich dann noch schneller in die Isolation und ist der jeweiligen Erkrankung auf keinen Fall dienlich.

Leider gibt es für das durch Rollenveränderungen verwandelte Selbstbild keine prompten Lösungen für das Problem des Verlustes der Intimität. Denn dieser ist in solchen Fällen ja durch ein starkes Rollenverständnis ausgelöst und wird zahlreiche Konflikte hervorbringen. Hier kommt es dann jeweils auf das eingeübte Rollenverhalten des Partners an und wie fest diese Strukturen sitzen. Im besten Fall kann man sich aufeinander zu bewegen.

Auch an diesen Beispielen sieht man wieder, welch großes und weites Spektrum das Thema Sexualität beinhaltet und welch ungeheure großen Auswirkungen es haben kann.

Deshalb ist es auch hier wieder besonders wichtig und hilfreich, wenn die Partner ohnehin eine gute Gesprächskultur miteinander haben. Dann lässt es sich deutlich einfacher über sexuelle und heikle Themen reden.

Außerdem kann es guttun, wenn man gemeinsam einen Ratgeber liest und/oder sich darüber austauscht. Das schafft eine etwas sachlichere Ebene.

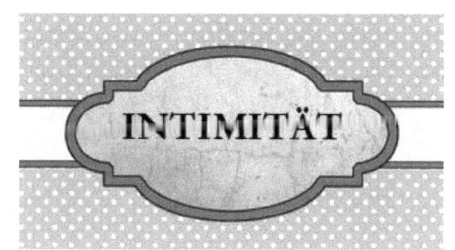

INTIMITÄT

Echte **Intimität**
ist nicht körperlich.
Es ist eine Form von
spiritueller
tiefer Verbindung,
die Dich in die Seele
des Anderen
blicken lässt.

-Bahar Yilmaz-

Intimität ist einfach mehr als Sex –
Beides schließt sich nicht aus, beides ist gleichzeitig, aber auch getrennt voneinander möglich.

Mein Anliegen mit diesem Buch ist:

1. die Aufklärung und sachliche Info, damit man sich selbst, seinen eigenen Körper und auch den des Partners in Bezug auf eventuelle „Störungen" besser versteht und sich somit verständnisvoller begegnen kann.

2. sich selbst und dem Partner mit Achtung, Wertschätzung und Respekt zu begegnen und für sich selbst und als Paar neue Wege der Kommunikation zu finden. Kommunikation ist nicht nur „REDEN", sondern auch Körpersprache.

3. zu verstehen, dass INTIMITÄT nicht gleich SEX ist und dass es immer eine „Grauzone" (in diesem Falle aber eine positive Grauzone) gibt. Der reine Geschlechtsakt ist, wenn er funktioniert, sehr schön, wohltuend und sicherlich auch beziehungsfördernd, aber er ist nicht alles.

Wenn es also mit dem Sex nicht mehr klappt, liegt es auch immer am Paar, sich mit der neuen Situation zu arrangieren – wie auch immer. Und „Paar" bedeutet: **GEMEINSAM, zusammen!**

Wir müssen, um die menschliche Sexualität in ihrer Ganzheit begreifen zu können, auch das Wort „Intimität" beleuchten, da es noch einmal einen anderen Blick auf Sexualität, Beziehung und/oder Behinderung wirft.

Es gilt zu bedenken, dass je nach Kulturkreis auch eine andere Einstellung zur „öffentlichen" Intimität gehört.

Intimität ist ein Zustand tiefster Vertrautheit. Intimität herrscht in der Intimsphäre – einem persönlichen Bereich, der durch die Anwesenheit ausschließlich bestimmter oder keiner weiteren Personen definiert ist und Außenstehende nicht betrifft. Die Intimsphäre und damit die Intimität wird durch Indiskretion verletzt. Eine Verletzung der Intimität kann Personen seelisch labilisieren (verunsichern oder auch tief verletzen).

Besteht körperliche Nähe oder eine (meist emotionale) Berührung, spricht man von **körperlicher Intimität.** (1)

Intimität bedeutet Gefühlsnähe - die Fähigkeit zu intensiven zwischenmenschlichen Beziehungen und sind ein Merkmal von familiärer Erziehung, von Freundschaften und auch Cliquen.

Leider bedeutet Intimität in unserer Umgangssprache oft nur „Sexualität", was aber keine tiefe Vertrautheit bedeuten muss. Und hier kommen wir auch schon zu meinem Satz „Intimität ist mehr als Sex!". Denn tiefe Intimität kann auch ohne Sex stattfinden, weil hier die Vertrautheit, die innerliche Nähe und das Geborgensein zählen.

Es gibt demnach unterschiedliche Stufen der Intimität: sie reicht von Anwesenheit, Nähe, Blick – und Körperkontakt, der beispielsweise erst einmal nur an dem Armen stattfinden kann und dann über das Gesicht bis hin zum kompletten Körper und vor allem zur höchsten Stufe – dem Geschlechtsverkehr – führen kann.

Des Weiteren kann man die körperliche Intimität in körperliche Nähe, in emotionale körperliche Intimität und in sexuelle Intimität aufgliedern.

Einen Grund für körperliche Nähe kann es sowohl als gewollte, als auch für ungewollte Nähe geben. Gewollt ist sie sicherlich am Zielführendsten und am Schönsten. Ungewollt wäre entweder körperlicher Missbrauch (auch die Vergewaltigung) sein, oder aber auch die sogenannte „nicht zielführende ungewollte Nähe". Dementsprechend kann körperliche Nähe sowohl als unangenehm, als auch als angenehm empfunden werden.

Im Grunde möchten wir alle nur ein perfektes Leben mit dem perfekten Partner, die ganz große Liebe mit tollen Gesten und romantischen Überraschungen. Und wir haben irgendwie eine Vorstellung der Idealbeziehung.

Beim Stichwort Intimität denken die meisten Menschen zuerst an körperliche Nähe, das heißt, an die sexuelle Ebene. Aber wie bereits gesagt: Intimität zwischen Menschen gibt es aber auf mehreren Ebenen und nicht nur auf der körperlichen. Denn um sich wirklich nahe zu sein, ist auch eine emotionale und mentale Intimität nötig.

Klar ist auch: echte Intimität ist nicht die erste Verliebtheit, die man ja aus frischen Partnerschaften mit „rosaroten Wolken" kennt. Für echte emotionale Intimität muss man „arbeiten".

Was ist echte Intimität?

Intimität ist mehr und anders als reiner Sex. Intimität ist ein Zustand tiefster Vertrautheit. Sie herrscht in der Intimsphäre – einem sehr persönlichen und individuellen Bereich, der dadurch definiert ist, dass sie nur in Anwesenheit ganz bestimmter Personen da ist und Außenstehende nicht betrifft.

Allein dieses Merkmal kennzeichnet eine echte und gelebte Intimität deutlich, was uns aber auch umso verletzlicher macht.

Intimität wird oft mit Sexualität gleichgesetzt, aber es gibt Unterschiede. Wenn eine körperliche und emotionale Nähe besteht, spricht man von körperlicher Intimität. Der reine Sozialkontakt muss aber keine tiefe Vertrautheit (Intimität) bedeuten.

Körperliche Intimität ist die körperliche und seelische Nähe zwischen zwei Personen, die in diesem Beziehungsgeflecht dann ganz speziell ist. Diese besondere Nähe und auch die „Berührung" der Herzen und/oder der Seelen ist wundervoll und ist ein Ausdruck von besonderer Sympathie und auch Empathie. Zwei Menschen, die gleich ticken, die sich miteinander geborgen und aufgehoben fühlen – das ist einzigartig.

Ich nenne es auch gerne Seelengleichklang.

Und wie ich noch beschreiben werde, ist Intimität auch zwischen besonders guten Freundinnen möglich – auch ohne sexuellen Hintergrund (unter Männern und zwischen Frauen und Männern ebenso).

Intimität ist Vertrauen, absolutes Vertrauen, das so nur mit wenigen Menschen möglich ist.

„Sich vertrauen", sich etwas anzuvertrauen, sich ohne Worte zu verstehen – das ist auch Intimität und die kann zwischen besonderen Menschen, die einem besonders nahestehen und/oder die man besonders liebgewonnen hat, entstehen.

Ich habe vier „beste Freundinnen" und zwischen uns herrscht eine besondere Intimität, die von Verlässlichkeit, Vertrauen, Empathie und Entgegenkommen geprägt sind. Wir wissen viel voneinander, wir vertrauen uns blind, wir stehen füreinander ein und können immer aufeinander „bauen"! Im Laufe der Zeit entsteht aus Freundschaft oft eine bestimmte Intimität, die auch anders ist, als mit anderen lieben Freundinnen.

Dass man sich umarmt und mal streichelt – das kann ebenfalls dazugehören und tut allen Beteiligten gut.

Intimität ist immer auch ein Ausdruck von gegenseitiger Wertschätzung, Achtung und Respekt. Das finde ich so besonders schön. Man fühlt sich angenommen, so wie man ist. Man lebt mit Menschen, mit denen man Intimität erfährt in völliger Authentizität. Man ist echt… und das ist etwas Besonderes.

Das Gleiche funktioniert natürlich ebenso in einer Paarbeziehung und dort kommt es dann neben der hochemotionalen Intimität auch zur körperlichen Intimität.

Hier löst eventuell nur ein „Blick" des Anderen ein warmes Gefühl aus, ein Streicheln und Umarmen.

Dann wird auch meist die Sexualität tiefer, verbundener, empfindsamer und deutlich vertrauter.

Nicht mit jedem Sexualpartner hat man solch eine ganz einzigartige Intimität und umso schöner ist es, wenn man sie gemeinsam gefunden hat….

Man kann also die körperliche Intimität in körperliche Nähe, in emotionale und in sexuelle Intimität aufgliedern. Und wenn man verschiedene Sexualpartner hatte, wird man auch feststellen, dass sie jedes Mal auch anders verläuft und damit immer etwas Besonderes ist.

Deutliche Unterschiede zeigt auch jenes Beispiel: Wenn wir mit öffentlichen Verkehrsmitteln fahren (die Corona-Situation mal ausgenommen), kann es vorkommen, dass wir sehr dicht mit anderen Menschen zusammenstehen und es zu körperlichem Kontakt kommt. Hier ist es NUR ein körperlicher Kontakt, aber ohne jegliches Gefühl von

Nähe und Beziehung. Die sexuelle und die emotionale Berührung wiederum beinhalten jeweils die körperliche Nähe und oft auch das Bedürfnis, sich berühren zu wollen. Denn dann ist die emotionale Nähe da, die bei fremden Menschen ja völlig fehlt.

Eine Beziehung ohne partnerschaftliche sexuelle Liebe - wie zum Beispiel platonische Freundschaften - kann auch körperliche Intimitäten aufzeigen. Dies hängt allerdings stark von der jeweiligen Kultur ab. Bei uns ist es selbstverständlich, dass sich Frauen umarmen, ja sogar Hand in Hand gehen, sie liebevoll Küsschen auf die Wange geben, sich am Arm streicheln und so weiter. Das heißt, in unseren westlichen Kulturkreisen ist es eher üblich, dass sich Frauen oder Mädchen untereinander anfassen, als Männer oder Jungen. In anderen Kulturen ist es wieder anders.

Eltern und Kinder haben auch (im besten Fall) eine besondere Form der Intimität – entsprechend des jeweiligen Alters (hier ist natürlich die Gradwanderung zwischen Missbrauch und Zärtlichkeit enorm). Selbstverständlich wechseln Papas ihren Töchtern heute die Windel und es gibt auch viel mehr männliche Erzieher in Kindertageseinrichtungen. Im „gesunden" Fall ist das eine tolle Chance für Kinder, unter anderem auch, um ihre erwachende Sexualität als etwas völlig Normales zu entwickeln. Jeder psychisch Gesunde kann die jeweilig entsprechend notwendige Form wahren ohne übergriffig zu werden. Erzieher*innen werden nicht wie eine Mama oder ein Papa das Kind beim Wickeln auf den Bauch küssen. Eltern wiederum nutzen diese Zeiten des Wickelns oft für körperliche Nähe und das Baby genießt es.

Intimität ist also von Geburt an etwas sehr Spezielles und je gesunder ein Kind aufwächst, umso eher kann es auch später intime Beziehungen – sowohl platonisch, als auch sexuell – genießen.

Klar ist eins: Jeder von uns wird DIE EINE Vorstellung von der Idealbeziehung haben.

Dazu gehört in unseren Träumen der perfekte Partner und natürlich die ganz große Liebe. Das ist auch völlig ok so, denn Träume und Visionen sind gut und hilfreich. Sie erlauben es uns, uns vorzustellen (zu visualisieren), was wir gerne hätten – auch Liebe und ebenfalls, was wir nicht möchten. Ein guter Schritt!

Intimität, so wie man es sich individuell vorstellt, spielt dabei auch eine Rolle. Wir wissen, dass es Intimität auf mehreren Ebenen – und nicht nur auf der körperlichen Ebene – gibt! Denn um sich wirklich nahe zu sein, ist auch eine emotionale und mentale Intimität und BINDUNG nötig.

Was man sich klarmachen sollte, ist, dass die erste Verliebtheit mit all den rosaroten Herzchen und dem Gefühl, dass man den neuen Partner ständig anfassen muss, nicht unbedingt schon eine solch große und einzigartige Intimität ist, wie wir sie anstreben. Eine echte emotionale Intimität muss man sich schon etwas erarbeiten. („Ausnahmen bestätigen die Regel!").

VERTRAUEN ist hier das zentrale Thema: Nur wenn man sich als Paar vertrauen kann, ist Beziehung überhaupt möglich. Ohne Vertrauen fehlt etwas Existenzielles – die Basis!

Schon bei Säuglingen muss das sogenannte Urvertrauen wachsen und im besten Fall bildet es sich auch vollständig aus. Wenn man schon als Kind mit einem nicht sicheren Vertrauen aufgewachsen ist, ist es in einer Beziehung umso schwerer, ein gutes und sicheres Vertrauen zu entwickeln.

Intimität ohne Vertrauen als Grundlage ist für mich unvorstellbar!

Ebenso ist OFFENHEIT ein wichtiger Baustein. Es ist wichtig und auch notwendig, dem Partner offen und ehrlich mitzuteilen, wie es ihm gerade geht, was ihm wichtig ist und was er fühlt. Nur so kann der Andere Anteil nehmen und empathisch reagieren. Feedback ist das „A und O" einer wachsenden und reifenden Beziehung. Intimität kann nur entstehen, wenn man sich vertraut und auch versteht, was dem Anderen wichtig ist! (In allen Bereichen – das betrifft nun nicht nur die Sexualität).

Offenheit und ein gesundes Harmoniebedürfnis helfen einander. Aber auch hier gilt: Harmoniesucht kann eine Beziehung killen, ebenso wie übertriebene Eifersucht oder andere überzogene Erwartungen. Deshalb ist auch hier ein guter reflektierter Austausch notwendig – Kommunikation!

Kommunikation hilft dann auch wieder, wenn man sich entzweit hat, wenn Streitigkeiten zu sehr im Raum stehen. Wenn man aber versucht, immer als TEAM zu agieren, das heißt, gemeinsam an ein Problem heranzugehen - ohne Schuldzuweisungen - dann ist das schon „die halbe Miete", nämlich ein großer Schritt nach VORNE!

Und wir dürfen immer wieder gerne in uns spüren, auf unsere Träume und Visionen achten, denn sie zeigen uns, was wir uns tief innen wünschen, was wir uns erträumen.... Das ist wichtig, um uns unseren Weg aufzuzeigen. Oder unser Ziel... Ohne Wünsche wären wir verloren und ziellos. Wenn man Wünsche hat, kann man daran arbeiten, sie zu realisieren und man kann im nächsten Schritt darauf hinarbeiten! Wenn sich unsere Wünsche mit dem des Partners in etwa decken, hat man ein großes Potenzial. Der Weg ist das Ziel – Gemeinsamkeit in Liebe und Vorfreude. Dieses Band, was dann entsteht, ist schon Intimität. Im Grunde offenbart man damit nämlich sehr intime Wünsche und Fantasien, die wiederum von Vertrauen geprägt sein müssen, um sich sicher und gehalten zu fühlen.

Intimität zu spüren, bewusst oder unbewusst aufzubauen, Intimität zu leben und darin aufzugehen, ist etwas ganz Besonderes und bei jedem Paar einzigartig.

Wer wahre Intimität schon erlebt hat, weiß, welch kostbarer Schatz sie ist und dass man sie gut behüten muss...

Es gibt leider genug Paare, die zwar Sex miteinander haben und/oder Kinder zusammen haben, es aber keine Intimität herrscht. Wenn das für beide Partner OK so ist, dann ist die Beziehung durch viele andere Dinge so stabil, dass keiner etwas vermisst. Wenn nur ein Partner eine gewisse Intimität vermisst, dann wird es schwierig... Und meist traurig!

Ich selbst kann mir eine Partnerschaft ohne Intimität nicht mehr vorstellen, da dieses Gefühl für mich so viel wichtiger ist, als alles andere. Diese spezielle Vertrautheit, der besondere Blickkontakt, das Berühren ohne Anfassen..., das Berühren mit Anfassen... und vieles mehr, sind für mich sehr starke Fundamente in einer Beziehung.

Auch bei platonischen Freundschaften ist mir eine gewisse Intimität wichtig und sie unterscheidet sich dann von einer „normalen" Freundschaft! Diese hat auch ihre Qualitäten und bereichert, aber Intimität zu spüren, verbindet noch einmal ganz anders und schweißt zusammen.

Es gibt bei jedem Paar auch unterschiedliche Phasen der Intimität. Am Anfang jeder Beziehung ist alles so wundervoll frisch, neu, man ist verliebt…. Das ist die Annäherung… auch an eine eventuell kommende Intimität. Es herrscht eine sehr sehr starke Anziehungskraft, die meistens magisch und einfach wundervoll ist!

Dann folgt irgendwann vielleicht der nächste Schritt und es kommt zu körperlichen Intimitäten. Dass dies etwas ganz Besonderes ist, bedarf keiner Worte, denn auch dieses „erste Mal" ist so aufregend und neu! Im besten Fall macht es Lust auf mehr!

Allerdings folgt nun eine wesentliche Phase: Das schon erwähnte Vertrauen wird aufgebaut und das kann je nach Situation auch sehr turbulent sein. Es kommt auf das entsprechende Paar an, wie lange dieser Prozess andauert. Und das wiederum ist mit dem „Fallenlassen" verknüpft, denn nur wer zu 100% vertrauen kann, wird sich ganz fallenlassen…. ohne „Wenn und Aber"! Wenn dieser Schritt da ist, wenn man spürt, dass man sich zu 100% vertrauen kann, dann sind der Intimität alle Türen geöffnet. Allerdings sind wir immer noch im Prozess, denn die Realität zeigt uns ja auch eine Zukunft auf und möchte man diese gemeinsam verbringen, müssen noch einige Dinge geklärt werden. Wenn sozusagen alle Phasen durchlaufen sind, man sich weiterhin sexy und mehr als anziehend findet und man bewusst eine gemeinsame Zukunft gestalten möchte; wenn immer noch Nähe da ist und sie sich steigert, wenn kleine Paar-typische „Insider" da sind und man sich von ganzem Herzen liebt, dann darf man hoffentlich erleben, was Intimität wirklich bedeutet!

In einer gut gelebten Intimität ist das Anderssein des Anderen zwar sichtbar, aber man kann es besser aushalten und zusammenfügen, weil wir etwas „uns beiden Gemeinsames" an ihm erkennen können. Das stärkt die Bereitschaft, sich auch zumindest teilweise mit ihm identifizieren zu können.

Deshalb ist Intimität einfach auch eine besondere Art des Bewusstseins vom Anderen, in der das eigene „Ich" nicht einem völlig fremden „Du" gegenübersteht. Sodass sie nicht mehr absolut getrennt erscheinen, sondern sich gemeinsam zu einem echten „Wir"-Gefühl entwickelt.

Wahre Intimität bedeutet somit nicht nur körperliche Nähe, sondern auch einen Gleichklang der Seelen, sowie eine gewisse Übereinstimmung in allen Lebensbereichen. Erotik kann ebenfalls dazugehören. So kann ein Gefühl der Verbundenheit entstehen, das einmalig ist und somit auch kennzeichnend für DIESE individuelle Beziehung. Man hat mit diesem Partner etwas, was man momentan mit sonst niemandem teilt.

Idealerweise würde dieses Erleben, beziehungsweise dieses wundervolle Gefühl der Verbundenheit, zu einem hohen Maß an Vertrautheit führen. Und dies sowohl im körperlichen Bereich, als auch im Umgang miteinander. Dasselbe betrifft auch den geistig-mentalen Bereich des Menschen – und wieder die Vertrautheit, das Vertrauen, Achtsamkeit und Respekt.

Wenn Intimität lediglich mit körperlicher Nähe gleichgesetzt wird, dann kann es passieren, dass es rein um das Bedürfnis nach körperlicher Befriedigung geht. Die Enttäuschung oder der Schrecken würde dann einsetzen, wenn man spürt, dass dies nicht auf alles Ebenen befriedigend war! Das könnte bedeuten, dass der körperliche Akt lediglich zur Befriedigung eines oberflächlichen Begehrens führt und das tief dahinterliegende Bedürfnisse ungestillt bleiben würden. Das kann niemals erfüllend innerhalb einer Partnerschaft sein.

Diesbezüglich ist es also sehr wichtig, eine echte Offenheit zu leben, um zu dem bedingungslosen Vertrauen zu gelangen - damit man diese intensivste Form intimer Begegnung erleben kann, die das Bedürfnis hat, ganz im Partner aufzugehen zu wollen.

Das gelingt nur, wenn man einem anderen Menschen körperlich und geistig sehr nahezustehen vermag. Diese Nähe hat unterschiedliche Erscheinungsformen und muss, wie bereits erwähnt, nicht zwangsläufig etwas mit Sexualität zu tun haben.

Denken Sie an eine gute Freundin/Freund, mit dem es nicht um sexuelle Belange geht (also eine rein platonische Freundschaft), sondern um Gleichklang und Austausch, Geborgenheit und Zusammengehörigkeitsgefühl. „Echte Freundinnen" sind oft solche Personen: man knuddelt sich, man streicht sich über den Arm und tätschelt sich auch mal liebevoll das Gesicht, man kann angekuschelt vor dem Fernseher sitzen - und trotzdem ist es keine Sexualität im Sinne der begehrenden Sexualität, sondern eine Intimität, die hoch ist, erfüllend und wohltuend.

Dann gibt es noch die tiefe und reine Form von Nähe, die beispielsweise zwischen einem Säugling und seiner Mutter herrscht. Ohne die Mutter wäre das Kind nicht lebensfähig und dazu gehört auch das Kennenlernen von Intimität verbunden mit dem Wohlgefühl des Geborgenseins (nur so kann man eine gesunde psychische Stabilität erlangen).

Natürlich verändert sich das im Laufe des Alters des Kindes enorm – aber zu jeder Zeit wird im besten Fall eine bestimmte Form der Intimität vorhanden sein, die sich auch halten lässt bis ins höhere Alter!

Wahre Intimität betrifft somit auch den geistig-spirituellen Bereich und nicht nur die körperliche Ebene, was im mentalen Bereich zu tiefer Verbundenheit und Vertrautheit führt. Diese wichtige Erfahrung, das wahre Erleben, ist eine besondere und notwendige Sinneserfahrung und führt zu einer Bereicherung des eigenen Seins und dementsprechend zu einem erfüllten und mit Freude gelebten Leben und Tun.

Das heißt, wenn wir uns in einer emotional intimen Beziehung befinden, können wir unsere Gefühle auf einer persönlichen Ebene mitteilen, ohne uns beurteilt, nicht akzeptiert oder unwohl fühlen zu müssen. Es herrscht eine einzigartige Wertfreiheit, die das Vertrauen zu sich selbst und miteinander stärkt.

Kontaktschwierigkeiten wurzeln oft in der Unfähigkeit, Intimität zu ertragen. Aus psychoanalytischer Sicht steht dahinter die unter Umständen unbewusste Befürchtung, in einem engen Kontakt eine verletzende Beziehung zu den Eltern wiederzubeleben, die ihnen keine Freiheit ließen, sie enorm einengten oder sie in ihren Liebesgefühlen enttäuschten. Diese Angst kann dazu führen, dass alle zwischenmenschlichen Beziehungen oberflächlich bleiben, die Partner schnell wechseln oder in länger dauernden Beziehungen aufkommende Gefühlsnähe immer wieder abgewehrt wird.

Vergessen darf man aber nicht den Aspekt, dass Intimität manchmal auch sehr herausfordernd und unangenehm sein kann. Besonders wenn wir Erwartungen entsprechen sollen. Deswegen bin ich auch Verfechter davon, dass man kleinen Kindern niemals Berührungen oder Küsschen aufzwingen sollte. Dass „Küsschen für die Tante" kann, wenn es das Kind dies absolut nicht möchte, sogar psychische Störungen des kindlichen Gemüts hervorbringen. Jeder sollte das Recht haben, selbstbestimmt über seinen Körper entscheiden zu dürfen, was er geben und annehmen möchte.

Eine gute Eigenreflexion hilft, sich selbst als Erwachsener gut zu beobachten und auch eventuell herauszufinden, warum man beispielsweise keine Berührungen oder engere Beziehungen ertragen kann. Denn enge funktionierende Beziehung führen im gesunden Fall immer zu einer besonderen Intimität – ob platonisch oder nicht!

Wenn man seine emotionale Intimität erhöhen möchte, ist es nötig, die Berührung zum Anderen zu suchen, um wieder Vertrauen aufzubauen. Sie sollten allerdings immer aufrichtig und niemals erzwungen sein und in ganz kleinen Schritten erfolgen. Ist die Intimität erst einmal zerstört, lässt sich selten „auf die Schnelle" etwas verändern, sondern es baut sich eher eine Wand zwischen den betreffenden Personen auf.

Auch gibt es diese Form der Intimität, in der man seine intimen Gedanken und Gefühle nur äußert, wenn man sicher ist, dass sie vom anderen akzeptiert werden.

Umgekehrt würde man etwas von sich preisgeben, ohne die Erwartung zu haben, dass das eigene Bekenntnis vom anderen akzeptiert oder gebilligt wird.

Zusammenfassend ist also zu sagen, dass emotionale Intimität in jeglicher Form eine besondere physische Komponente hat. Auch in platonischen Beziehungen lassen sich dieselben Prinzipien anwenden. Die Art und Weise, wie man mit seinem Gegenüber umgeht beeinflusst das Maß an Intimität.

Ohne sich gut kennengelernt zu haben – also Offenheit praktiziert zu haben – kann man keine echte Beziehung aufbauen. Vertrauen kann nur mit Offenheit, Wertfreiheit und Respekt entstehen.

Kritik, Verachtung, Rechtfertigung, Anschuldigungen oder Lügen sind die Killer einer vertrauensvollen Basis.

Intimität ist somit erst einmal ein subjektives, einseitiges Gefühl der Selbsterfahrung, die dahin führen kann, dass man zu großer Offenheit in Gegenwart eines anderen Menschen kommt. Dies setzt die Wahrnehmung der eigenen Gefühle und die Auseinandersetzung mit sich selbst voraus.

Intimität bedeutet demnach auch, dass man sein Innerstes - also seine eigenen innersten Gefühle und Gedanken - nach außen kehrt. Auf Grund des bestehenden Vertrauens heißt „Intimität" auch, sich selbst in Gegenwart eines anderen zu erleben, kennenzulernen, wahrzunehmen und vor allem zu reflektieren. Die Nähe zum Gegenüber entsteht dann, wenn diese Offenbarungen als ebenso ernst und vertraulich angenommen und entgegnet werden.

Schwierigkeiten im adäquaten Kontakt zu anderen Personen, die zu einer befriedigenden Intimität führen könnten, wurzeln, wie bereits erwähnt, oft in der Unfähigkeit Intimität zu ertragen. Das könnte bedeuten, dass man die nicht bewusste Befürchtung hat, in einem engen Kontakt eine beispielsweise verletzende Beziehung zu den Eltern wieder erleben zu müssen. Das können Erfahrungen sein, die mit Freiheitsentzug, Misshandlung, Liebesentzug oder enttäuschten Gefühlen gekoppelt sind. Diese Angst kann dann dazu führen, dass alle zwischenmenschlichen Beziehungen oberflächlich bleiben, die Partner schnell wechseln oder in länger dauernden Beziehungen aufkommende Gefühlsnähe immer wieder abgewehrt wird.

Beim Stichwort **Intimität** denken viele zuerst an körperliche Nähe, an die sexuelle Ebene. Sex wird ja auch gerne mit „intim sein" umschrieben. **Intimität** zwischen Menschen gibt es aber auf mehreren Ebenen, nicht nur auf der körperlichen. Um sich wirklich nahe zu sein, ist auch eine emotionale und mentale **Intimität** nötig.

Allgemeine KÖRPERLICHE Intimitäten sind:

- **Berührungen, die aus reiner Sympathie oder bei Mitgefühl entstehen.**

> Zum Beispiel auch bei guten Freunden. (Begrüßung/Verabschiedung, Umarmung oder auch mal das kurze liebevolle Halten der Hände in den eigenen.)

- **Familiäre Berührungen**

➤ Beim Säugling das Füttern/Stillen, Halten und Schaukeln, Schmusen, Tätscheln…
➤ Bei erwachsenen Verwandten je nach Tradition, Zugehörigkeit und Wahl: das Umarmen, Küssen oder schmusige Toben
➤ Partnerschaft: Austausch von Zärtlichkeiten

Emotionale Intimität

Hier geht es vor allem um das gegenseitige Vertrauen. Auch wenn man davon ausgeht, dass Vertrauen in einer guten Beziehung da sein müsste, ist es aber oft etwas, das fehlt oder nicht genügend gefestigt ist (oder dass man es sich wieder neu erarbeiten muss). Das hat viele Facetten – dazu gehört auch die Eifersucht; allerdings auch das Vertrauen, dass es völlig OK und gut ist, wenn man einfach nur „man selbst" ist!

Voraussetzung dazu ist es, dass man lernt sich zu öffnen. Dazu gehört, dass man auch seine Gedanken und Gefühle miteinander teilt. Somit ist Offenheit ein wichtiger Baustein für eine echte Intimität. Auch eine offene Streitkultur ist wichtig, da man auch hier in liebevoller Abgrenzung die Chance hat, seinem Partner etwas mitzuteilen. Ein gutes Konzept zur Kommunikation untereinander ist deshalb unerlässlich.

Deshalb sind Geheimniskrämereien auch wenig zielführend – es untergräbt das so wichtige Vertrauen! Eine authentische Ehrlichkeit ist deswegen ein essentieller Baustein für echte Nähe.

Wichtig ist aber ebenso, keine falsche Harmonie herstellen zu wollen. Erstens ist das weder authentisch und zweitens auf Dauer nicht gut und ehrlich lebbar. Manchmal mag es eine Gratwanderung sein, die wir gehen müssen, was das Einschließen von Kompromissen voraussetzt! Aber ein nicht gesundes Harmoniebedürfnis kann zu Unzufriedenheit führen, auch wenn oberflächlich alles ok zu sein scheint. Hier helfen Ehrlichkeit (und auch ein Reflektieren der eigenen Person, sowie der Beziehung an sich), als auch der Mut zur Diskussion. Dies beinhaltet ein respektvolles Miteinander!

Emotionale Intimität kann es demnach also zwischen Freunden, Familienmitgliedern und natürlich auch in romantischen Beziehungen geben. Das besondere Gefühl, diese Intimität miteinander zu teilen, ist sowohl für die körperliche als auch für die mentale Gesundheit wichtig. Denn dies gibt uns Sicherheit und Stabilität, es stärkt unser Selbstwertgefühl und es hilft uns dabei, auch anderen Vertrauen entgegenbringen zu können.

Viele Wege der Intimität

„Intimität ist mehr als Sex" - das ist das Motto dieses Buches und soll aufzeigen, dass es auch als chronisch Kranker oder als körperlich Behinderter möglich ist, Intimität zu erleben.

Gestreichelt zu werden ist mit Sicherheit eine der schönsten Zuwendungen, die man sich als Lebewesen, Mensch, geben kann, denn dies hat man schon als Vorerfahrung als Säugling gemacht.

Die streichelnden Hände der Mutter sind eine Liebkosung der besonderen Art, die man niemals mehr vergisst und vor allem auch intuitiv nicht mehr missen möchte. Sie nehmen also eine besondere Bedeutung ein, denn sie lösen wohlige und behagliche Gefühle aus, die man später auch mit Geborgenheit und „Angekommensein" assoziiert.

Dieses lustvolle Erleben als Säugling gibt eine große innerliche und seelische Kraft, die das kleine Kind im besten Fall bis hin zum Alter trägt.

Was wir dabei unbewusst erfahren, ist, dass es dieses lustvolle Erleben fast immer nur in Verbindung mit einer Beziehung gibt. Schon ein

Säugling nimmt wahr, dass es sich dabei um eine körperliche Kommunikation handelt.

Kommunikation ist von Geburt an ein alles durchdringendes Potenzial, das den ganzen Menschen als sexuelles Wesen betrifft, sich entwickelt und gefördert werden will.

Je älter und erfahrener wir werden, umso bewusster wird uns dies und lässt uns nach einer Beziehung, einer Partnerschaft suchen.

Viele Menschen fühlen sich auch nur dann komplett, wenn sie einen festen Partner an ihrer Seite haben. Das gegenseitige „Spiegeln" kann fast zur Sucht werden.

Das gesunde Spiegeln zeigt aber dem „Kleinkind im Erwachsenen", dass es „gehalten" wird und erfährt damit eine „Widerspiegelung" seiner eigenen Bedürfnisse und Gefühle.

In einer gesunden Beziehung „befruchten" sich die Partner gegenseitig, können so aber auch eine verzerrte Spiegelung und auch Streit aushalten. Das Geborgensein entsteht dann durch die tiefe Zuneigung, Bindung und Liebe zueinander.

Manchmal tut es auch gut, sich zu überlegen, was für einen SELBST Intimität eigentlich ist. Ein gutes Gespräch, Zuhören, sich etwas zu schenken, die kleine Berührung und das Küsschen zwischendurch, liebevolle Blicke, sich necken und gemeinsam lachen, kuscheln beim DVD schauen… – all dies sind intime Zeichen der Zugehörigkeit und Zuneigung. Sie können so wertvoll und vor allem einzigartig sein, dass Sex an sich gar nicht fehlt.

> ➢ **Man muss sich wirklich einfach immer wieder vor Augen halten, dass der Geschlechtsakt nicht der einzige Weg ist, seine Liebe und Fürsorge mitzuteilen und zu ZEIGEN.**

Auch miteinander zu schmusen, sich innig zu küssen, sich zu drücken und sich festzuhalten, sind nur einige der intensiven und doch auch einzigartigen Erlebnisse in einer Partnerschaft. Gehalten zu werden, den Anderen zu halten, zu berühren und zu liebkosen, sich einfach nur körperlich sehr nah zu sein, ist demnach auch ein Weg intim zu sein. Und es ist ein sehr besonderer Weg.

Für mich persönlich ist es Intimität pur, wenn ich mit meinem Partner über etwas nur uns Vertrautes oder Bekanntes schmunzeln kann, wenn ein Blick reicht und wir „Bescheid" wissen, wenn wir die Marotten des Anderen mit Humor tragen und ein schelmisches Grinsen uns irgendetwas „erklärt", wenn ich mich durch seine Körpersprache geliebt fühle…, wenn er mich anstrahlt – dann fühle ich Intimität, die es nur mit diesem einen besonderen Menschen auf der Welt gibt. Mit niemanden kann und möchte ich das in diesem Moment genauso haben. DAS muss man sich im Laufe der Jahre „erarbeiten" und bewahren.

Deshalb kann diese Form der Intimität die Beziehung körperlich und emotional genauso stärken. Auch, wenn immer wieder Probleme durch die chronische Erkrankung in Ihrem Sexualleben auftauchen können.

> **Intimität kann man nur mit einem sehr vertrauten Menschen haben. Sex könnte man mit unzählig vielen anderen haben.**

Miteinander **intim** umzugehen zeugt von Vertrautheit und Zugehörigkeit. Wenn Intimität solche Gefühle hervorbringt oder auch verstärkt, tut das enorm gut und macht schlichtweg glücklich. Deshalb ist es so ungemein wichtig, dass sich Paare um emotionale und körperliche Nähe bemühen.

Warum also ist hier Vertrauen so wichtig?

Vertrauen bezeichnet die subjektive Überzeugung (oder auch das Gefühl für oder Glaube an) von der Richtigkeit, Wahrheit von Handlungen, Einsichten und Aussagen beziehungsweise von der Redlichkeit von Personen. Vertrauen kann sich auf einen anderen oder das eigene Ich beziehen (Selbstvertrauen).

Ohne Vertrauen kann keine Zugehörigkeit entstehen und ohne diese ist Intimität nicht wirklich möglich!

Vertrauen ist ein Gefühl, das Bindungen definitiv und auch vollständig stärkt. Dies bewirkt dann, dass Harmonie und Einigkeit geschaffen werden können, was einfach sehr zusammenschweißt.

Interessant ist noch folgender Aspekt: Der Vertrauende gibt die Kontrolle ab und das ist wirklich ein unbeschreibliches Gefühl von Nähe, wenn es nicht missbraucht wird. Er gibt sich hin, er öffnet sich – das schafft Vertrauen im höchsten Maß!

Wichtig für eine starke emotionale Bindung ist auch, dass man sich nicht verstellen muss, sondern authentisch bleiben und SEIN darf! Das gilt für beide Partner gleichermaßen – denn so wird Stabilität und das so wichtige Vertrauen erzeugt.

Deshalb ist die emotionale Nähe auch so enorm wichtig, um Intimität leben zu können. Das Gefühl zu haben, den Anderen blind zu verstehen und ihm blind vertrauen zu können, das gleiche Lebensgefühl zu teilen und auf der gleichen Wellenlänge zu schwingen, erzeugt die optimale Voraussetzung für Intimität.

Schwierigkeiten mit Intimität

Natürlich gibt es sehr viele und auch unterschiedliche Gründe, warum eine Intimität nicht zustande kommen kann.

Ganz einfach formuliert gibt es auch Menschen, die es einfach nicht brauen, nicht kennen… Das gilt für platonische Beziehungen ebenso wie für sexuelle. Ich weiß beispielsweise sehr sicher, dass einige meiner Freundinnen den Kontakt zu meinen ganz engen intimen Freundinnen nicht in der Art begreifen. Ihnen reichen Austausch und das Gefühl von Zugehörigkeit. Sie brauchen kein „Anfassen", keine besondere Nähe. Wichtig ist, dass man das absolut respektiert und nicht übergriffig wird. Jeder hat seine eigenen Grenzen und die gilt es zu wahren! Besonders in einer körperlichen Intimität.

Viele Gründe liegen zum Beispiel in der Kindheit (wenn beispielsweise kein echtes tragendes Urvertrauen aufgebaut wurde), oder auch in schlechten Erfahrungen sowohl körperlicher als auch emotionaler Art. Kontaktschwierigkeiten wurzeln demnach oft in der Unfähigkeit, Intimität zu ertragen. Oft geht es auch darum, dass eine tief verwurzelte Angst es nicht zulassen kann, die verletzende Beziehung zu den Eltern noch einmal durchmachen zu müssen/wollen. Eine Kindheit, die Ihnen vielleicht keine Freiheit ließ, in der es viel Druck gab oder das Kind von den Liebesgefühlen enttäuscht wurde. Diese existenzielle Angst (da sie meist auch mit Verlust verknüpft war) kann dazu führen, dass „vorsichtshalber" alle zwischenmenschlichen Beziehungen oberflächlich bleiben oder in länger dauernden Beziehungen aufkommende Gefühlsnähe immer wieder abgewehrt wird.

Wie immer, wenn irgendwo Probleme auftauchen, ist die Selbst- und Fremd-Wahrnehmung wichtig. Denn nur wenn man überhaupt erkennt, dass es ein Problem tatsächlich gibt, kann man auch ins Handeln kommen. Dann gilt es zu beobachten: Was ist los? Woher kommen die Ängste und/oder Sorgen? Das kann schmerzhaft sein, denn es könnte uns in unsere Kindheit und zu den dort erlebten und nicht verarbeiteten Ängsten zurückführen. Aber wenn man entdeckt hat, worum es eigentlich geht, dann kann man sich und/oder dem Partner auch helfen und ihn unterstützend begleiten.

Wichtig ist auch, dass man keine Intimität einfordert, denn erstens ist das ihr sicherer Tod und zweitens ist das sehr übergriffig und verletzend.

Leider werden aber oft Probleme totgeschwiegen, weil man Angst vor der Reaktion oder Abfuhr des Partners hat. Hier heißt es dann, sich selbst bewusst zu werden, wie wichtig einem selbst das Problem ist. Ist es wichtig genug, um es lösen zu wollen? Dann darf man auch den Mut haben, heranzugehen und sich zu offenbaren.

Manchmal geht es ja auch nur darum, dass man mal wieder in Urlaub fahren oder ins Kino gehen möchte. Wenn man sich dann hinterfragt, was das Schlimmste sein könnte, was passieren könnte, wenn man es ausspricht, dann wird einem schnell klar, dass es im besten Fall bewältigbar ist. Zu einer echten Intimität gehören immer auch Mut und Stärke - vor allem, wenn nicht das erhoffte Feedback kommt. Das muss man aushalten können.

Allerdings ist es bei echt gelebter Intimität, Nähe und einem respektvollen Umgang miteinander so, dass beide Partner sowieso viel öfter das bekommen, wonach sie sich sehnen. Denn dann kann man den Partner deutlich besser einschätzen, sich einfühlen und man vertraut ihm, da man weiß, wie man ihn zu nehmen hat, wenn es doch mal schwierig wird. Außerdem hat man dann das Vertrauen, dass alles wieder gut wird.

Wenn man auch schon Spontanität und Kreativität in der Partnerschaft gelebt hat, gibt es weitere schöne Möglichkeiten, mal spontan etwas zu verändern. Wenn beispielsweise ein tolles Musikstück im Radio läuft und man sitzt am Esstisch, kann man aufstehen und den anderen ungezwungen zu einem Tänzchen auffordern. Kleine Überraschungsmomente zu schaffen – das vertieft die Intimität oder lässt sie neu aufleben.

Wenn Paare keinerlei solche Erlebnisse haben, dann darf man sich getrost mal der neuen Kreativität widmen und mutig sein. Sonst bleibt man im alten Fahrwasser…

Und ganz wichtig ist natürlich der Körperkontakt zueinander. In platonischen Beziehungen reicht es schon, wenn man sich mal am Arm streichelt um in liebevolle Beziehung zu treten.

Bei sexuellen Beziehungen darf es auch gerne etwas mehr sein! ;)

Anfassen, küssen, riechen, schmecken… und sich dabei immer mal tief in die Augen schauen. Das kann Wunder bewirken, auch wenn es vielleicht anfangs fremd erscheint.

Hintergrund ist ja immer, dass wir etwas verändern WOLLEN und dass es uns unser Partner WERT ist, wieder Intimität aufkommen zu lassen.

Sehr wertvoll sind auch Verabredungen zu einem schönen Gespräch, wenn diese Form der Kommunikation über die Zeit abhandengekommen ist. Fernseher aus, schöne Musik an, es sich gemütlich machen und einfach mal reden… „Wie war Dein Tag, was beschäftigt Dich gerade" und so weiter. Oft weiß man nämlich gar nicht genau, wie es dem Partner geht, worum seine Gedanken kreisen und was ihm gerade wichtig ist. Eine Entfremdung kann so schnell einreißen…

Gleichzeitig kann man damit üben sich gegenseitig zuzuhören und sich Wertschätzung entgegen zu bringen! :)

Traurig ist es natürlich dann, wenn sich beide Partner so gar nicht annähern können. Wenn die Entfremdung schon so weit fortgeschritten ist, dass man sich vielleicht auch tatsächlich nichts mehr zu sagen hat. Das ist dann ein echter Beziehungskiller. Leider!

Übrigens:
➢ **Großartiger Sex erfordert eine tiefe Intimität**

Sex UND Intimität

Einig sind sich sicher alle, dass Sex, in dem auch eine Intimität stattfindet, etwas ganz Besonderes ist.

Erst einmal ist es so, dass wir (in der Regel) Sex nur mit einem Partner haben und diese Beziehung somit einmalig ist und zweitens kann Sex nur besser sein, wenn es nicht nur der reine Geschlechtsakt, sondern so viel mehr ist.

Im Endeffekt spüren wir vielleicht, dass wir nicht mehr das haben, was wir ursprünglich wollten oder uns gewünscht hatten.

Die Folgen könnten Entfremdung sein oder ein Auseinanderleben.

Wem es wichtig ist, diese Paar-Beziehung zu halten, sollte nicht nach der schnellen Lösung suchen. Die Befriedigung für eine gute Intimität wird auch nicht durch schnellen Sex und Orgasmen erfüllt. Die körperliche Ebene spielt hier gerade nicht so eine große Rolle. Natürlich ist es einfacher, mit jemand körperlich intim zu sein als in einem anderen Gebiet.

Wenn man echte Intimität haben möchte, wird es immer ein viel tieferes Bedürfnis geben, das auf der rein körperlichen Ebene aber ungestillt bleiben wird. Denn Sex befriedigt sicher nur kurzzeitig und oberflächliches Verlangen.

Intimität beinhaltet viele unterschiedliche Ausmaße unseres Lebens - die körperliche, die soziale, emotionale, mentale und spirituelle Ebene. Deshalb bedeutet Intimität im besten Fall ein auf allen Dimensionen gemeinsames Leben! Dieser Wunsch nach Nähe und „Einheit" ist hier vordergründig.

Eins ist natürlich auch klar: wer wahre Intimität sucht oder bereits gefunden hat, macht sich sehr verletzlich, verletzbar! Denn je näher man dem Partner kommt, desto größere psychische Verletzungen und Schmerzen können entstehen. Aus Angst halten sich manche Menschen dann auch lieber zurück und wählen, lieber keine Intimität mehr empfinden zu wollen. Wenn man sich offenbart, macht man sich immer verletzlich. Wenn man allerdings „zu" macht, sich also nicht mehr verletzbar machen möchte, dann verschließt man sich auch der Liebe. Liebe und Intimität wird es nicht ohne eine gewisse Form von Verletzlichkeit geben. Es ist einfach so: Je näher wir jemandem kommen, desto größer ist auch das Potenzial für Schmerzen. Oft werden aus Angst dann Mauern ums Herz errichtet, nur um uns davor zu schützen, dass bloß niemand von außen eindringen und uns verletzen kann. Aber aufgepasst, denn dieselbe Mauer, die andere Menschen draußen hält, hält uns tief drinnen gefangen. Dies zu entknoten ist schwer und bedarf oft auch psychologischer Hilfe.

Was ist Liebe in einer Paarbeziehung?

Liebe ist mehr als Emotion – Liebe ist ein wundervolles einzigartiges Gefühl.

Der Duden definiert die Liebe so: „Liebe ist ein starkes Gefühl des Hingezogenseins; starke, im Gefühl begründete Zuneigung zu einem (nahestehenden) Menschen."

Liebe gibt es auf starker körperlicher, geistiger, seelischer Anziehung beruhend und beinhaltet eine Bindung an einen bestimmten Menschen, verbunden mit dem Wunsch nach Zusammensein, Hingabe und Beziehung.

Neben Trauer und Angst ist die Liebe eines der stärksten Gefühle, das wir empfinden können.

Liebe lässt sich unter anderem an echtem Interesse, Wertschätzung und Respekt erkennen. Wer liebt, gibt genügend Raum, nimmt den anderen auf Augenhöhe ernst und ist interessiert an der Person. Außerdem sucht man in Liebe verbunden gemeinsam nach Lösungen und Kompromissen.

Neben Sex gehören zu einer partnerschaftlichen Liebe noch viele andere Attribute. Beispielsweise find ich es toll, wenn man sagen kann: „Mein Partner ist mein bester Freund!". Das ist ein wundervolles Kompliment, da man damit zugibt, sich auch auf anderen als nur der sexuellen Ebene zu verstehen. Liebe gibt in der Regel Sicherheit, Geborgenheit und besteht aus einem hundertprozentigen Vertrauen. Kommunikation, Respekt, Fürsorge, gemeinsame Werte und Interessen, Zugehörigkeit, absolute (!) Verlässlichkeit und ganz viel Humor gehören neben einer schönen Prise Verliebtheit ebenfalls dazu.

Und gibt es die große Liebe?

Ich behaupte: JA! (Weil ich es erleben durfte!). Aber hierbei kommt es ganz klar darauf an, was jeder schon erlebt hat. Menschen, die bisher nur enttäuscht wurden oder zwar geliebt haben, diese Liebe aber nicht als „große Liebe" bezeichnen, werden andere Erfahrungen gemacht haben.

Ein interessantes Beispiel dazu ist meine Liebe zu meinem Hund, den ich als Seelenhund und Seelenpartner bezeichne. Eine meiner Freundinnen hat einen ganz tollen Hund, sagte aber klipp und klar, dass sie ihn zwar „wie verrückt" liebe, er aber nicht ein „Seelenhund" sei. Und genau so kann es sich ja auch mit der menschlichen Liebe verhalten.

Die Summe unserer Erfahrungen (seit der Geburt oder gar schon davor) bestimmen unsere jetzige Interpretation von Liebe. Und wer dann noch gute Liebes-Erfahrungen mit guten Beziehungen macht, kann auf viel Vertrauen zurückschauen und ist natürlich somit auch stabiler und deutlich mutiger, sich einer neuen Liebe hinzugeben.

Wie spüren wir überhaupt Liebe?

Wir spüren, wenn uns jemand liebt oder wir lieben durch das, was er sagt oder tut oder durch das, was wir sagen oder wie wir handeln. Klingt einfach und ist doch kompliziert, da diese wahre Liebe auf einem Konstrukt aufbaut und weiterbaut – immer gepflastert mit dem besonderen VERTRAUEN in dieser jeweiligen Beziehung.

Wenn wir Liebe spüren und geben, dann fühlen wir eine große Geborgenheit, begegnen uns sehr respektvoll und achtsam, bauen auf Vertrauen auf, genießen Leidenschaft und bauen eine besondere Intimität auf. Manchmal muss das alles erst langsam wachsen und reifen. Die erste Verliebtheit ist deswegen nicht mit der echten Liebe vergleichbar, sondern die Liebe ist vielmehr ein Prozess, der aus dem Verliebtsein erwächst... Liebe ist dann (plötzlich) einfach da und das spüren wir!

Allerdings müssen auch beide Partner in etwa die „gleiche Sprache" sprechen... Auf Augenhöhe mit Respekt. Und die „Sprache" verändert sich leider manchmal im Laufe der Jahre.

Neulich sagte mir eine Freundin, dass ihr Mann und sie schon lange nicht mehr dieselbe Sprache sprechen würden und dass dies alles verkompliziert. Aber sie sind es sich BEIDE wert und arbeiten daran. Kommunikation ist einfach wichtig.

Nichts desto trotz können Liebe oder die daraus entstehenden Situationen mit Gefühlen auch schwierig sein...

Ganz nach Erich Fromm:

Ein Ausschnitt aus seinem Buch – „Was es ist: Es ist Unsinn sagt die Vernunft. Es ist was es ist sagt die Liebe."

Und: Liebe muss nicht immer körperlicher Natur sein, sie kann auch auf geistiger Zuneigung beruhen.

Anmerkung: Mir ist es wichtig zu erwähnen, dass ich immer von psychisch gesunden Partnern/Menschen ausgehe. Es gibt leider tausende andere Situationen und Probleme mit Liebe, Intimität, Sex und Erotik. Mir geht es hier aber um psychisch gesunde Menschen, da das Buch und das Thema sonst zu komplex würden.

Intimität ist mehr als nur ein Wort und Intimität ist absolut mehr als nur Sex.

Intimität umfasst fast ein Leben, sie zeigt sich an ganz verschiedenen Stellen, in unterschiedlichen Lebensphasen und auf verschiedene Art und Weise. Wenn uns das klar ist, dann lernen wir auch, sie zu erkennen, sie zu sehen und dann anzunehmen.

Durch Nähe, die durch absolute Offenheit entsteht, entspringt auch Intimität. Ich finde, es gibt kaum etwas Schöneres, als einen liebevollen Blick auszutauschen – sei es mit einer Freundin oder mit dem Partner; ebenso ist es wundervoll, wenn man bestimmte Wörter oder eine Ausdruckweise hat, die nur der Intimpartner versteht – für andere mag es banal klingen, aber die beiden Personen wissen als Einzige, was es wirklich bedeutet. Das ist für mich gelebte Intimität und ein Ausdruck stärkster Vertrautheit.

Oder es läuft gerade ein Lied im Radio und man schaut sich an…. weil es für das jeweilige Paar (ob platonisch oder nicht) eine besondere Bedeutung hat. Gerüche sind ebenfalls solche Emotionsträger.

Natürlich kann all das auch negative Gefühle hervorholen, aber in einer gelebten Intimität gehe ich von positiven Vibrationen aus! :)

Mir ist es wichtig, noch einmal auf eine gute Kommunikation einzugehen. Natürlich kann man auch etwas „kaputtreden", schlechtreden oder totreden. Das sind dann meistens Schleifen, die sich immer wieder wiederholen und für die kein Ausgleich geschaffen wird. Wer in solch einer Spirale ist, darf sich gerne Notizen machen, diese reflektieren und verinnerlichen und sie dann mit dem Partner besprechen. Man kann auch Rede-ZEITEN ausmachen: Jeder darf beispielsweise zehn Minuten lang reden. Es gibt so viele Möglichkeiten, eine gute Kommunikation wieder in Fluss zu bringen.

Es ist leider oft so, dass die beste Freundin mehr über den Zustand der Ehe weiß, als der Partner selbst… Weil man sich nicht traut, mit dem Partner*in zu REDEN. Dabei ist es so wichtig, sich auszutauschen – nur so hat man auch die Möglichkeit, sich weiterzuentwickeln. Reden allein reicht allerdings auch nicht: Man muss schon die Bereitschaft haben zu handeln. Das TUN steht direkt im Anschluss…. Ohne Handeln keine Veränderung. Wenn man immer nur davon redet, dass man etwas verändern will, es aber nicht tut... Dann bleibt man stecken und muss sich nicht wundern, wenn nichts Positives passiert und sich nichts ändert.

Das gilt auch für die Idee, dass jemand eine Therapie machen MÖCHTE, da er merkt, dass er ohne Hilfe nicht weiterkommt, dann aber nicht handelt und nie eine Therapie macht.

Provokant könnte man dann fragen: Liebt er sich nicht selbst genug um sich helfen zu lassen und einen glücklicheren Weg einzuschlagen? Was hindert ihn daran?

Laut Sabrina Fox ist Liebe nicht nur ein Gefühl, sondern auch ein Benehmen. Und dazu gehört auch eine gute Gesprächskultur, aber auch Respekt und Anstand. Ein Partner, der uns nur beschimpft, oder der uns demütigt, benimmt sich nicht gut und hier kommen wir auch direkt zur Frage, ob wir uns das gefallen lassen möchten. Wieviel Selbst-Achtung und Selbst-Liebe habe ich? Was bin ich mir wert???

Will ich so behandelt werden???

Nein???

Dann muss eine Veränderung her, denn das ist keine Liebe. Liebe entwickelt sich durch Freundlichkeit und Aufmerksamkeit und nicht durch negative Positionen.

Um ein gutes Seelengefüge herzustellen, um eins mit sich selbst zu sein und das in Frieden und geerdet, ist es notwendig, auch mal ganz alleine mit sich zu sein und das Alleinsein genießen zu können. Das müssen nicht gleich mehrere Tage sein, auch ein paar Stunden reichen schon aus, um bei sich anzukommen. Die Seele kann sich dann verbinden, wenn wir mit uns selbst klarkommen und uns gut kennen. Eine Seelenverbindung zu verflechten bedarf deshalb dieser Verknüpfung.

Ich möchte mich des Themas **EROTIK** ebenfalls widmen, da sie für mich zu einer gelebten Sexualität und auch Intimität dazugehört. Ich werde hier nicht so sehr auf Beeinträchtigungen oder Behinderungen/Krankheiten eingehen, sondern eher das Gefühl der Erotik und ihre Wichtigkeit für eine Beziehung beschreiben.

Was ist Erotik?

„Gegenstand der Erotik, sowohl mit der Bedeutung Liebe als auch Name des Liebesgottes ist die sinnliche und insbesondere die sexuelle Anziehung zweier oder mehrerer Menschen.

Die Stärke der „erotischen Ausstrahlung" und der „erotischen Signale", die andere Menschen „senden", wird keineswegs nur durch den bloßen Anblick eines möglichst hohen Grads von Nacktheit eines menschlichen Körpers bestimmt, vielmehr können auch bestimmte Kleidungsstücke und Gegenstände, die Mimik und Gestik einer Person, Sprachmelodie und -färbung, Körperhaltungen und Handlungen von Menschen oder deren Abbilder Erotik erzeugen."

(https://de.wikipedia.org/wiki/Erotik)

So viel zur theoretischen Seite der Erotik.

Die Erotik ist ganz klar immer eng verknüpft mit dem Sex und dennoch verbirgt und versteckt sich noch so vieles mehr dahinter.

Erotik ist meist eher verborgen verpackt und spielt mit Reizen und allen Sinnen.

Wie aber passt Erotik in unseren Alltag?

Es geht aber nicht nur um einen normalen Alltag, sondern auch darum, wie Erotik in Stressmomenten oder hektischen Lebensphasen, sowie mit körperlichen Beeinträchtigungen oder im Alter möglich ist.

Junge Familien, deren Alltag durchgetaktet ist - Kinder, Schule, Hausaufgaben, Job... - haben vielleicht erst einmal andere Prioritäten, aber wenn es in diesem Leben trotzdem noch Sexualität gibt, ist Erotik auch ein spannendes Thema.

Sex im Alter: das ist ein ganz besonderes Thema, dem ich auch noch ein Buch widmen werde. Denn gerade mit zunehmendem Alter verändert sich die Sexualität – ob mit oder ohne Beeinträchtigungen. Oft kommen körperliche Probleme bei ansonsten gesunden Menschen dazu, die eine Sexualität verändern können. Die Libido lässt bei Männern oft nach und Frauen haben eventuell Probleme mit den Wechseljahren und plötzlich ist die sonst so vertraute Sexualität „anders"! Anders muss nicht schlechter bedeuten und darum geht es hier im Buch ja auch.

Intimität und Erotik nehmen dann vielleicht einen größeren Stellenwert ein, als der sexuelle Akt an sich!

Dabei ist die körperliche Anziehung zwischen einem Paar nicht nur mit Spaß verbunden, sondern sie ist auch enorm wichtig für die Stabilität einer Beziehung. Denn auch Erotik und Sex sind Formen sozialer Kommunikation und Verbindung! Eine sexuelle Anziehungskraft fördert das erotische und intime Miteinander und vereinfacht das sexuelle Verhältnis.

Bei der ersten Verliebtheit spielt Erotik sicherlich eine besondere Rolle: man findet alles am neuen Partner sexy, erotisch. Ist dieses Gefühl nicht so stark vorhanden, dann fehlt meiner Meinung nach etwas Wichtiges – die Erotik! Jene bringt uns nämlich näher, macht Lust auf mehr und verstärkt die gegenseitige Anziehungskraft. Eine Beziehung ohne Erotik kann ich mir nicht vorstellen, beziehungsweise würde ich nicht haben wollen. Für mich ist das gegenseitige sexuelle Begehren wichtig für eine Partnerschaft. Wenn die Erotik fehlt, fehlt etwas Großes, denn sie ist ein wichtiger Bestandteil der Liebe und ist meiner Meinung nach die Grundlage und Voraussetzung für guten Sex. Dass sie deshalb wichtig für jede Paarbeziehung ist, ist selbstredend.

Erotik kann man auch als sexuelles Begehren beschreiben und dieses ist Voraussetzung für ein gutes Sexualleben. Unabhängig von Beeinträchtigungen.

Mit Erotik wächst auch das Vertrauen zueinander und der Bewusstheitszustand innerhalb der Paarbeziehung festigt sich. Ist es nicht schön zu wissen, dass der Partner uns erotisch findet, dass er es mag, wie wir lachen, wie wir kommunizieren, welche Slips wir tragen oder wie wir küssen? Es ist eine so besondere Basis im Sexualleben, dass ich denke, dass sie nur Vorteile bringen kann. Eine Beziehung ohne Erotik hat weniger Freude und Spaß und würde uns einen hohen Grad an Vertrautheit nehmen. Mit jedem Partner ist auch eine andere Form von Erotik möglich, doch gewisse Dimensionen werden sich immer wieder ähneln. Wenn man weiß, wie man den Partner beeindrucken kann, wie er tickt und auf was er steht – das ist wundervoll und Erotik pur! Dies ist dann auch sehr verwand mit der Intimität im sexuellen Bereich. Es mag sich manchmal auch vermischen. Ein besonderer Blick, ein bestimmter Tonfall in der Stimme, eine zufällige Berührung – all das können erotische Signale sein, die guttun, Vertrauen schaffen, Freude machen und die die Beziehung zu stärken vermögen. Wenn die Erotik abhandenkommt, ist Sexualität womöglich sehr schwierig.

Erotik ist die Basis des gemeinsamen Liebeslebens. Das wundervolle Verlangen, den Partner zu berühren, zu riechen und zu schmecken ist ein gutes Zeichen, dass man den Partner erotisch und sexy findet. Denn es zeigt sich damit der klare Wunsch nach Nähe und einem liebevollen Miteinander. Respekt, Achtung, Wertschätzung und Interesse an dem Anderen sind wundervolle, einzigartige und wichtige Pfeiler einer jeden Beziehung.

Natürlich gibt es für jeden Menschen gewisse Reize, die er mit Erotik verbindet und was auf den jeweiligen Partner erotisch wirkt, lässt sich logischer Weise auch nicht pauschalisieren. Perfekt wird es, wenn sich zwei Menschen kennenlernen und es sofort „klick" macht – auf allen Ebenen und wenn dann noch der erotische Funke überspringt.

Eine Freundin hatte eine Beziehung, in der null Erotik rüberkam und das war der Killer der Beziehung, die sie dann auch beendete. Wenn der Partner so gar nicht auf Signale oder Reize reagiert, ist das irgendwann mühselig und abtörnend und der Sex kann dann auch keinen Spaß machen, da man definitiv nicht auf der gleichen Welle schwingt. Und diese Welle ist beim Sex, der Intimität und der Erotik sehr ausschlaggebend.

Erotik, Sexappeal ist demnach nicht nur eine Sache der äußeren Merkmale, wie das Aussehen an sich. Es ist tiefgreifender - und allein ein bestimmter Tonfall oder besondere Wörter, die in der Beziehung einzigartig sind, können schon einen erotischen Sturm auslösen. Ein keckes Lächeln, ein Blick... Jeder, der Erotik schon erlebt hat, könnte hier noch sehr viele Attribute hinzufügen.

Was auf jeden Fall immer sexy macht, sind ein gesundes (!) gutes Selbstvertrauen und Offenheit. Wer unsicher agiert, wird nicht als so erotisch wahrgenommen, wie ein Mensch, der weiß was er will und der vor allem weiß, was er WERT ist! Die Selbstliebe an sich kann nämlich total sexy wirken, weil wir sie als gesund, voller Vertrauen und als gute Basis wahrnehmen. Es wirkt bezaubernd, da dies alles eine gute stabile Nähe herstellt. Denn zu unsichere oder unnahbare Personen wirken ebenso wie zu perfekte Menschen eher abschreckend oder gar abtörnend. Ein Mensch, der sich seiner selbst bewusst ist, der seine Schwächen UND Stärken kennt, wird immer anziehend wirken. Humor ist dabei auch eine wichtige Säule!

Klar ist, dass die Grundlage für Sex das sexuelle Begehren ist - also die Erotik! Sie ist in der individuellen Ausprägung die Basis für ein gemeinsames erfüllendes Liebeslebens. Wobei „Liebesleben" nicht unbedingt den Geschlechtsakt meint, denn auch – wie bei der Intimität – geht es hier um das Fühlen, die Freude und die absolute Nähe zum Partner, die auch ohne Geschlechtsverkehr bestehen kann und ausbaufähig ist. Erotik kann so vieles bedeuten und kann im Geschlechtsakt münden, muss es aber nicht!

Ein schönes Beispiel ist die erotische Massage. Hierbei bedarf es nur eines schönen Massageöls, das je nach Gefallen auch gut duftet, und den eigenen Händen. Einen Partner zu massieren, vielleicht noch bei Kerzenschein und schöner Musik, kann ein so enorm erotisches Erlebnis sein, dass es keines Geschlechtsaktes bedarf. (Natürlich kann es aber auch als Vorspiel eingesetzt werden – das bleibt jedem überlassen). Das Gefühl der Hände auf dem Körper, das Streifen erogener Zonen kann so erotisch und sexy sein, dass es mehr gar nicht sein muss.

Es können einfach nur Verspannungen gelöst werden oder sinnliche Streichtechniken verwendet werden. Das bleibt jedem selbst überlassen. Auf jeden Fall ist so eine Massage sehr wohltuend und schafft absolute Nähe, da sie auf völligem Vertrauen aufbaut. Man gibt sich hin… man lässt sich verwöhnen… man verwöhnt… Hingabe, Offenbarung… Zwei wesentliche Merkmale einer intimen Massage und ein absolutes Verwöhnprogramm.

Das heißt, es reichen schon wirklich kleine Veränderungen aus, um die Sexualität und Erotik anzukurbeln oder neu aufleben zu lassen. Ebenso kann es aufregend sein, wenn der Sex nicht immer im Bett stattfindet, sondern in anderen Räumen, auf dem Sofa, auf dem Fußboden oder wo auch immer Sie sich das vorstellen können und wünschen. Diese kleinen Veränderungen helfen immer wieder Nähe und Vertrautheit aufkeimen und stärken zu lassen! Ein äußerst leidenschaftlicher Kuss - auf der Treppe, in der Küche… - kann Erotik pur sein und wundervolle Gefühle der Geborgenheit wachrufen. Vor allem aber wird sich der Partner immer sexy fühlen, willkommen und angenommen!

Und auch hier ist unter Umständen eine gute Kommunikation wohltuend. Wer in der Beziehung nicht redet, riskiert, dass sich die Lustlosigkeit auch auf Erotik und Sexualität auswirkt. Deshalb kann es gut sein und Sie um Längen voranbringen, sowie auch neue Erotik zu erschaffen, wenn Sie miteinander über Ihre Wünsche, Fantasien, Gefühle, Bedürfnisse, Pläne, Ziele oder einfach nur über den Alltag reden. Bleiben sie neugierig aufeinander, duschen oder baden Sie vielleicht (wieder) einmal miteinander und sagen Sie sich spontan, wenn Sie gerade Ihren Partner sexy finden. Das tut gut und schweißt zusammen und gibt ein Gefühl von besonderer Zugehörigkeit.

Erotik ist also auf vielen Ebenen spürbar und umfasst alle Sinne. Die Sinne eines Menschen sind sehr vielfältig und oft unterschiedlich ausgeprägt. Bei der Erotik werden der visuelle Sinn, der Tastsinn, die Fantasie, das Gehör und auch der Geruch angesprochen. Aber auch das ist individuell und auch noch mal je nach Paar-Gewohnheiten - und/oder Vorlieben - unterschiedlich. Meist ist der stärkste Sinn der Visuelle. Denn oft ist dies das Erste was man wahrnimmt, wenn man jemanden kennenlernt. Auch später noch nimmt der visuelle Part gerne einen großen Anteil, denn man kann so wunderbar mit Reizen spielen, ohne zu viel zu zeigen. Das Verborgene und somit das nicht Sichtbare spielen in der Erotik eine große Rolle. So kann Kleidung elegant, klassisch oder lässig sein und eine große erotische Ausstrahlung oder Anziehung haben.

Erotik ist auch oder sogar umfassend das Erleben einer vitalisierenden Kraft, die uns ganzheitlich erfasst und im besten Fall alle Dimensionen unseres Seins ergreift. Das Ganzheitliche ist schon in der Medizin notwendig und wird beim Liebesspiel und in der Erotik nochmals mit einer anderen Dichte belegt. Ganzheitliche Erotik umfasst den Körper, den Geist, die Psyche und Emotionen. Es ist ein Sinneseindruck auf allen Ebenen, der für sich alleine stehen kann und keines weiteren Liebesspieles bedarf – aber kann. Erotik kann als Vorspiel Anklang finden und zu sexuellen Handlungen hinführen, aber Erotik kann auch ganz für sich alleine stehen. Als Merkmal einer Beziehung, als Kick, als gelegentliche „Kommunikation" oder einfach nur, um sich gut zu tun.

Interessant ist auch, dass für das erotische Erleben sogar eine gewisse Distanz da sein kann, denn Erotik kann auch eine „Zärtlichkeit ohne Berührung" darstellen. Es kann ungeheuer sexy sein, sich leidenschaftlich zu küssen ohne sich anzufassen. Deshalb erlaubt Erotik auch ein ungehindertes, freies, vertrauensvolles, oder gar leicht ins Übermütige gehende „Ausleben" vitaler sexueller Kräfte und Bedürfnisse auf einer spielerischen Ebene. Dies kann zu einem besonderen Reiz beitragen und zeigt, wie mächtig Erotik sein kann.

Erotik hat immer auch etwas mit Aufregung, Gänsehaut pur, Verschmelzung, Leidenschaft und Intimität mit all ihren Facetten zu tun. Diese besondere Erotik kann kein Sex der Welt befriedigen!

Es geht keineswegs nur um „nackt sein" oder „möglichst viel Haut", sondern vielmehr darum, auch das Kopfkino anzuregen, sowie Gedanken an die Dinge, die nicht so offensichtlich sind. Es können daher auch Gegenstände, Kleidungsstücke, Mimik oder Gestik einer Person sein, die als erotisch angesehen werden.

Das Schöne ist, dass Erotik verlangsamt. Erotik nimmt den Druck und den Stress raus, Erotik ist sinnlich und bedeutet Hingabe.

Überlegen Sie einfach mal für sich selbst, was für Sie Erotik ausmacht und seien Sie mutig, diese Ideen und Fantasien in Ihre bestehende Beziehung einzubringen und in neuen Beziehungen zu leben! Es lohnt sich!

Erotik von Anfang an

Eventuell als Säugling spüren wir schon Erotik, aber spätestens in der Pubertät lernen wir die ersten erotischen Augenblicke kennen und sie bringen unsere ohnehin schon verwirrten Hormone noch mehr durcheinander…

Danach wird die Erotik sowieso eine immer größere Rolle spielen – es kommen die ersten sexuellen Erfahrungen und natürlich hatte die Erotik sicherlich ihren Ursprung zum Fortpflanzen. Sie hilft uns auch dabei, uns unbewusst und doch gezielt einen Partner zu suchen.

Auch zur Gründung von Familien, und hier ist es auch egal ob hetero- oder homosexuell, scheint die Erotik quasi überall gegenwärtig zu sein.

Die Erotik hat aber neben den Paarbeziehungen auch noch einen anderen Aspekt: denn Erotik ist etwas, was auch bei fremden Menschen aufflammen kann. Sei es ein Kollege, auf einer Party oder gar im Bus. Man kann eine Person sehen/wahrnehmen und sie als erotisch empfinden. Das kann ein kurzes Aufblitzen sein, es ist aber auch möglich, dass auf Grund der erotischen Anziehungskraft auch eine Beziehung entsteht. Hier gibt es nun viele Möglichkeiten: es kann sich eine Paarbeziehung entwickeln, ebenso aber kann ein Seitensprung daraus resultieren. Eventualitäten wird es immer geben – auf allen Ebenen.

Also hat Erotik nicht nur die Kraft, eine bestehende Beziehung zu reparieren, frisch aufleben zu lassen, sondern auch zu zerstören…

Denn Erotik nimmt mit zunehmendem Alter NICHT ab!!!

Es kommt darauf an, ob wir den Impulsen folgen, die uns die erotische Anziehungskraft eines Anderen spüren lässt. Aber scheinbar passiert dies des Öfteren, sonst gäbe es keine Trennungen, Scheidungen, Neuverheiratungen oder Partnerwechsel.

Wie immer im Leben gibt es auch bei der Erotik Licht- und Schattenseiten und auch nicht umsonst wird Erotik oft als „gefährlich" eingestuft!

Verhütung

Verhütung ist ein Thema, das Gesunde und chronisch Kranke gleichermaßen angeht.

Die Empfängnisfähigkeit ist bei Frauen mit (beispielsweise) MS ebenso wenig eingeschränkt, wie die Zeugungsfähigkeit bei Männern. Deshalb müssen sich Paare mit einem MS-kranken Partner genauso Gedanken über Verhütung machen, wie alle anderen Paare auch.

Für MS`ler sind mehr oder weniger alle handelsüblichen Verhütungsmethoden geeignet.

Ob man sich für eine orale Therapie (Pille), oder örtliche Methoden, wie Spiralen und Diaphragma entscheidet, oder andere Methoden in Erwägung zieht, dies sollte mit dem Gynäkologen und auch zeitgleich mit dem Neurologen oder dem jeweiligen Facharzt abgesprochen werden.

Zu beachten ist allerdings Folgendes: da manche (MS-) Medikamente einen Einfluss auf die Körpertemperatur haben können, werden Methoden, die auf einer Messung der Körpertemperatur beruhen, meistens nicht empfohlen. Also auch hier bitte die klare Rücksprache mit dem Arzt.

Gefühle

Es wäre falsch und unwahr zu behaupten, dass es nicht einigen chronisch Kranken an gelebter Sexualität mangelt. Ich kenne viele Chroniker, die sich eine Partnerin/ einen Partner wünschen, die gerne eine Lebenspartnerschaft eingehen würden und natürlich auch gerne Sex hätten.

Das wünschen sich allerdings viele Gesunde ebenso.

Ein Kranker, der seine Diagnose schon lange hat und gar schon Jahre oder gar Jahrzehnte mit einer vielleicht unheilbaren und vor allem unkalkulierbaren Erkrankung lebt, weiß, dass sein Leben von einem auf den anderen Tag, oder zumindest im Laufe der Zeit, auf den Kopf gestellt wurde.

Manche Patienten fühlen sich so, als wäre ihr Leben komplett über ihnen ausgeschüttet worden und sie müssten sämtliche Puzzleteilchen erst zusammensuchen und sich ihr Leben neu aufbauen. Andere versuchen die Diagnose zu verdrängen, wieder andere gehen alternative Wege er „Heilung" – alle jedoch müssen mit dieser Diagnose auf irgendeine At und Weise zurechtkommen lernen. Es gibt die milden Verläufe und es gibt wirklich schwere, sehr schwere Schicksale.

Es gibt Menschen, die unglaublich Schlimmes aushalten müssen und die nur im Entferntesten von Sexualität träumen, da sie ganz andere Sorgen haben. Nämlich den Kampf ums tägliche Leben und Überleben.

Es gibt chronisch Kranke, denen es trotz großer Beeinträchtigungen „soweit ganz OK geht", die sich auf ihr Leben im Rollstuhl eingestellt haben, die auf Pflege angewiesen sind und noch mehr…

Und trotzdem haben auch diese Menschen meistens noch sexuelle Bedürfnisse und würden sich freuen, wenn sie einen Partner an ihrer Seite hätten.

Ganz viele MS`ler, vor allem Männer, haben mir berichtet, dass sie aus Angst, dass sie einer neuen Partnerin sexuell nicht „genügen", gar nicht erst eine Partnerschaft eingehen möchten.

Krankheiten haben sehr viele Gesichter und somit auch sehr viele Auswirkungen auf ein Leben - auf ein „normales" Leben.

Krankheiten können ein normales Leben und auch Hoffnungen zerstören - sowie auch Sexualität.

Das möchte ich nicht verschweigen. Optimismus ist eine feine Sache und gerade für Betroffene sehr wichtig, aber auch er hat seine Grenzen. Wenn man in manch persönliche Abgründe blickt, so wie ich es nun durch die Interviews getan habe, wird man selbst ganz bescheiden, dankbar und sogar ein bisschen demütig.

Ich ziehe meinen Hut vor all Denjenigen, die ein Leben mit vielen Entbehrungen leben müssen und doch GLÜCKLICH sind. Von diesen Menschen können wir alle sehr viel lernen.

Da ich selbst mit meinem verstorbenen Mann in einer sehr erfüllten Partnerschaft voller Nähe und liebvoller Intimität gelebt habe, würde ich dies gerne jedem Menschen ebenso wünschen!!!

„Störungen in der Sexualität"

Manche sexuellen Probleme als „Störungen" zu bezeichnen ist spannend, denn – wie ich in einem anderen Kapitel erwähne – liegt es immer am Paar und seinem individuellen Leben, sowie seiner Einstellung dazu, ob sie dieses Problem als Störung zu empfinden. Aber fachlich wird dieses Problem als „Störung" und auch „Dysfunktion" benannt und deshalb verwende ich diese Ausdrücke hier ebenfalls.

Und da uns unsere Krankheit täglich, manchmal auch stündlich ihre Grenzen aufzeigt und uns mit Emotionen überschüttet, die schnell in einem Gefühlschaos enden können, ist es trotz oft auftretender Wortlosigkeit und Rückzug eines oder beider Partner umso wichtiger, sich aufeinander zu zubewegen.

Mir wurde auch ganz häufig berichtet, dass sich viele MS'ler einen Partner wünschen und es ihnen gar nicht um Sexualität, sondern um ein Zusammensein, um Nähe und Geborgenheit geht. Ich fand diesen Aspekt höchst interessant, da er manchem sexuell Betroffenen die Angst vor einer neuen Beziehung nehmen könnte.

So, wie sich auch viele Gesunde, allerdings meist im Alter, zusammentun, um einfach nicht alleine zu sein, einen Partner zum Reden, Austauschen und um sich vielleicht auch einmal in den Arm nehmen zu können, möchten auch Chroniker „einfach" einen Lebenspartner haben. Sie wünschen sich Vertrauen, Geborgenheit und gegenseitige Achtung. Unter diesem Gesichtspunkt lässt es sich vielleicht einfacher einen neuen Partner suchen ... Und finden!

ANGST und Sexualität

Angst ist manchmal die größte Hürde, wenn man sich schafft, etwas anzupacken und voran zu schreiten. Dies betrifft Gesunde genauso wie uns Chroniker. Wir wurden nur schon des Öfteren ganz anders mit der Angst, mit dem Abgrund und vor allem mit Grenzen konfrontiert, sodass wir aufpassen müssen, nicht völlig IN Angst zu leben und darin zu versinken.

Das ist bei MS/Krebs/Fibromyalgie/Diabetes ein besonders heikles Thema und oft kann hier außer dem Partner und lieben Freunden nur noch der Psychotherapeut helfen. Diesen sollte man auch spätestens dann aufsuchen, wenn man von der Angst zerfressen wird.

Sexualität hat ganz viel mit Angst zu tun. Sie ist, so scheint es manchmal, fast Angst besetzt…

Warum ist das so?

In vielen Partnerschaften, gerade zu Beginn, haben einer oder beide Partner Angst oder Befürchtungen, nicht „gut genug" für den Anderen zu sein. Unabhängig von Sexualität. Je älter die betreffenden Partner sind, desto mehr Ängste haben sich im Laufe der Lebensjahre angesammelt, wie auch mehr Abneigungen und bestimmte Wertvorstellungen.

Dass kranke Menschen von diesen Ängsten noch mehr betroffen sind, scheint logisch und nachvollziehbar, da sie sich womöglich auch immer noch mit Gesunden vergleichen.

Sobald das Thema Sexualität hinzukommt, wird es doppelt „brenzlig". Die Befürchtungen, ob man dem Anderen/Gesunden genügt verdoppeln sich, weil man sich noch dazu fragt, ob er mit einem weniger gehandicapten Partner vielleicht besser dran wäre, ob man eine Last für ihn sei und vieles mehr. Auf die Sexualität bezogen, die in jeder neuen Partnerschaft immer etwas „aufregend" und NEU ist, ist der Beeinträchtigte noch sensibler, da er nun erst recht nicht weiß, ob er dem Anderen genügen kann.

Viele haben Angst, dem Partner sexuell nicht ebenbürtig zu sein. Das ist bei Gesunden allerdings nicht anders! Dabei ist Sexualität doch etwas Gemeinsames, etwas, das sich entwickelt.

Aber die Angst, die ein Betroffener mit sexuellen Problemen und anderen Störungen hat, ist eine sehr begründete und sehr verständliche

Angst. Denn sie kann ja immerhin dazu führen, dass jemand lieber alleine bleibt, als zuzugeben, dass er sexuell nicht mehr voll leistungsfähig ist. Und das, obwohl er gerne eine liebevolle Beziehung und Partner/in hätte.

Noch dazu kommt dann die Scham, die leider begleitend da ist und die die Angst erst richtig ausbaut. Das ist so schade, denn ich bin mir sicher, dass es auch eine Liebe ohne den „üblichen" Sex geben könnte; eine Liebe voller Wärme, voller Kuscheln und Streicheln. Eine Beziehung mit Achtung und Respekt, gegenseitiger Wertschätzung und wohltuendem Zusammensein.

Eine „gesunde" Frau hat mir sogar gesagt, sie wäre froh, wenn ihr Mann nicht so viel Sex haben wollte. Diese Option ist nämlich ebenfalls nicht unüblich und so einige andere Frauen werden sich dieser Aussage anschließen. Umgekehrt hat sich mir auch ein gesunder Mann anvertraut, dass ihm Sex einfach nicht wichtig wäre, er lieber nur kuscheln möchte und sich so unter Druck gesetzt fühlt, dass ihm alleine davon schon die Lust vergehe. Ich erwähne es deshalb auch, um mal die andere Seite zu beleuchten und auch, um sie in Betracht zu ziehen.

Angst bedeutet immer auch, dass man sich blockiert und automatisch eine Sperre aufbaut. Entweder sich selbst und/oder dem Partner gegenüber, oder auch gegenüber der Sache an sich.

Angst kann dann natürlich auch zu Libido-Verlust und zu vielen anderen Problemen führen.

Wie soll beispielsweise eine Frau, die Streicheln kaum noch ertragen kann, da es ihr MS-bedingt „Schmerzen" bereitet und wirklich höllisch qualvoll für sie ist, mit diesen schrecklichen Empfindungs- und Sensibilitätsstörungen den Mut haben, sich einen neuen Partner zu suchen? Denn sie weiß ja schon im Vorfeld, dass sie keinen entspannten Sex haben kann. Sie beschreiben dies so, dass ihnen diese Form der Schmerzen wirklich „an die Nerven gehe". Ein fürchterliches Symptom, unsichtbar und so lebenseingreifend und gefühlt oft erniedrigend! Und doch trauen es sich zum Glück einige Frauen und das ist wundervoll. Denn so, wie es manch impotenter Mann mit seiner Angst geht, geht es Frauen mit anderen Dingen und wenn sich solch ein Pärchen findet, hat das ja schon wieder seinen eigenen Reiz.

Eine andere Frau hat mir berichtet, dass sie im Genitalbereich taub sei und einfach nichts „spüre". Sie hatte jahrelang angenommen, ihr

Ex-Mann hätte ihr einfach keine Freude bereiten können, bis sie bei einem erneuten Sexualpartner feststellen musste, dass sie wieder keinerlei Berührungen spüren konnte und auch einfach „nichts empfand"! Der Sexualpartner wiederum wunderte sich, dass sie nicht reagierte... Weitere Einzelheiten erspare ich hier, aber sie wollte daraufhin keinen Sex mehr haben. Und man sieht an diesem Beispiel, wie verzwickt es sein kann und dass eine gute Kommunikation hier geholfen hätte.

Dies ist also ein unsichtbares Symptom, ein eingreifendes Symptom und es nimmt definitiv Lebensqualität. Es sei denn, man kann sich arrangieren – aber dass das nicht einfach ist, liegt auf der Hand.

Viele möchten dem neuen Partner auch nicht zu viel erklären müssen. Wenn ein Chroniker auf einen neuen Partner stößt, der gesund ist, muss man ihm ja schon einmal alles rund um seine Erkrankung erklären. Das Risiko verstoßen zu werden, WEIL man krank ist, ist ja leider nicht gering. Demjenigen dann noch erklären zu müssen, dass man auch im sexuellen Bereich Probleme hat, kann eine Hürde darstellen, die unüberwindbar erscheint.

Welche Frau gibt gerne zu, dass sie sich ausgerechnet nicht an den Brüsten anfassen lassen kann, dass ihre Brustwarzen nichts, aber auch gar nichts spüren?

Und welcher Mann gibt gerne zu, dass er keine Erektion, oder keine anhaltende Erektion bekommt?

Und wer möchte mit all diesen Problemen, mit diesem riesengroßen PAKET in eine neue Partnerschaft gehen?

Dies zu tun ist mutig, aber es ist es auch sicherlich WERT. Einen Partner zu finden, der dies alles mitträgt ist etwas Wundervolles und diese Chance wünsche ich wirklich jedem.

Intimität und Sexualität sind für eine gesunde partnerschaftliche Beziehung sehr wichtig. Sie wird allerdings von jedem Menschen anders erlebt. Die Idee einer „normalen" Sexualität kann sehr belastend sein und verunsichern. Vor allem aber: **woher wissen wir, was eine „normale" oder gute Sexualität sein soll?**

Was ist normal, was ist die Norm?

Das ist schon in weniger sensiblen Bereichen eine philosophische Frage. Zur Sexualität mag das so gar nicht passen. Von diesem Anspruch müssen wir uns also so oder so frei machen.

Wichtig ist, dass die Angst nicht zu einer Depression auswächst. Denn Depression und auch Müdigkeit können eine Verunsicherung gegenüber dem eigenen Körper bewirken und sich zusätzlich komplizierend auf das Sexual-Leben auswirken.

Auch einige Medikamente (zum Beispiel Blutdrucksenker oder Antidepressiva) haben einen eher ungünstigen Einfluss auf die Sexualität. Bei Frauen wirken sie oft Lust vermindernd, bei Männern führen sie oft zu Erektionsstörungen.

Ratschläge zu geben, finde ich anmaßend, aber ich weiß, dass es auch Partnerbörsen für Beeinträchtigte gibt.

Es gibt auch spezielle MS-Gruppen für Singles auf Facebook. Wer Interesse hat, kann mich gerne über meine Homepage kontaktieren. Ich behandele dies absolut vertrauensvoll.

Es gibt auch mindestens eine geheime Facebook-Gruppe, in der sich MS`ler, die sexuelle Probleme haben, austauschen. Das finde ich wundervoll, denn so sehen sie, dass sie nicht alleine sind. Ein paar Mutige haben sie gegründet und noch mehr Mutige sind beigetreten.

Hier folgt nun einmal EIN Text, den ich über Angst geschrieben habe. Er hat nichts mit sexuellen Störungen zu tun, aber er erklärt, wie viel Angst wir aushalten müssen und zeigt Angehörigen anschaulich unser Dilemma.

*Angst – nicht nur ein Gefühl

MS: Ob es sich wirklich jemand vorstellen kann, der es nicht selbst kennt, wie es ist, mit der Angst zu leben, dass Dich täglich ein neuer Schub treffen kann, der Dein Leben von heute auf morgen auf den Kopf stellt?

Oder wie bei anderen Verlaufsformen, wenn sich die MS schleichend verschlechtert?

Diese kriechende Angst, die so zerstörerisch ist.

Angst ist ein Grundgefühl, das sich in bedrohlichen empfundenen Situationen als Besorgnis oder Kummer äußert.

Als Auslöser können sich erwartete Bedrohungen, oder auch plötzlich auftretende Bedrohungen in „Angstgefühlen" ausdrücken.

Krankheit ist in der Regel nicht zu „erwarten", plötzliche Erkrankungen erst recht nicht.

MS ist zwar eine chronische Erkrankung, aber doch überfällt die Plötzlichkeit eines Schubes oder einer Verschlechterung den Betroffenen sehr tiefgreifend.

Erst einmal ist Angst nur eine Gefühlsregung, aber das, was die Angst mit uns macht, ist mehr.

Deutlich mehr.

Sie kann unser Selbstbild auf den Kopf stellen, unser Selbstwertgefühl gehörig ins Wanken bringen und uns körperlich eine Art Bedrängnis und Enge bescheren.

Auf jeden Fall beschert es dem Betroffenen eine große Unsicherheit, die zu bewältigen nicht einfach ist und schnell zu einer Depression führen kann.

Die Angst vor Veränderung, die Angst vor der Endgültigkeit nehmen in solch einem Moment Besitz von dem Erkrankten. Es kommt sicherlich auf die seelische Konstitution, das soziale Umfeld und andere Faktoren an, wie man solch einen Verlust der Gesundheit handhaben kann.

Und bitte: das alles ist nicht zu verwechseln mit der Angst, mit der jeder Mensch lebt, dass er nicht von einem „Auto überfahren" wird.

DAS kann uns Betroffenen nämlich noch ZUSÄTZLICH passieren.

Unsere Angst ist DA.

IMMER!

Sie ist greifbar und leider erlebbar. Sie ist nicht unreal oder überflüssig, sondern BEGRÜNDET.

Wir müssen lernen, mit ihr zu leben und mit ihr sinnvoll umzugehen und zwar so, dass wir sie zulassen und doch gut darauf achten, nicht von ihr zerstört zu werden.

Und ab und an brauchen wir deshalb bitte MITGEFÜHL und Hilfe.

Hallo MS!

Kommunikation

Die Diagnose einer chronischen, das heißt BLEIBENDEN und sich eventuell verschlechternden Erkrankung stellt die Partnerschaft zunächst auf eine Probe. Nichts ist von heute auf Morgen mehr so, wie es war. Man weiß nun auch nicht mehr, ob das Leben, so wie es einst geplant war, überhaupt noch so möglich ist. Da solch eine Diagnose in jeder Altersspanne auftreten kann, können Lebensträume plötzlich in weite Ferne rücken. Und es wird immer die Frage im Raum stehen, ob man „es" packt. Jeder für sich alleine und als Paar. Es gilt auf jeden Fall, sich neuen Herausforderungen stellen und möglicherweise neue Wege gehen zu müssen, Kompromisse einzugehen und sich neu zu orientieren. Im besten Falle gemeinsam!

In einer festen Partnerschaft geht es auch viel um Zweisamkeit und diese wird nun mit solch einer Diagnose durchgeschüttelt – man kann nur hoffen, dass etwas Zusammengehöriges dabei herauskommt.

Umso wichtiger ist es, seine Ängste und Sorgen auch aussprechen zu können. Gegenseitige Unterstützung und ein liebevoller Umgang miteinander kann beiden Partnern die Kraft und Energie geben, mit den zu erwartenden Aufgaben fertig zu werden. Und wenn man dies gemeinsam schafft, dann geht man als Mensch und als Paar gestärkt daraus hervor.

Das Thema Sexualität spielt vielleicht anfangs erst einmal keine Rolle – zu neu sind andere Gedanken und Ängste.

Aber irgendwann wird es Thema werden: entweder, weil der betroffene Partner keine Lust mehr verspürt und beispielsweise auf Grund der Erkrankung oder Nebenwirkungen von Medikamenten und Therapien eine Impotenz entwickelt. Vielleicht geht der erste Versuch im Bett gründlich schief: spätestens jetzt muss man darüber reden und Ursachen finden. Reden in einer vertrauten Umgebung, vielleicht sogar im Bett – Arm in Arm – kann helfen sich zu öffnen. Es betrifft beide: den Betroffenen ebenso wie den Partner. **Gemein-schaftliche Sexualität funktioniert nur im Miteinander.**

Wertfreiheit ist die Grundvoraussetzung für solch ein Gespräch, ebenso wie eine gelockerte Atmosphäre. Diese sollte nicht geprägt sein von verärgerten, angespannten oder erschöpften Zuständen und Situationen. Dies gilt auch, wenn beide zu müde und unkonzentriert sind.

Auch der Zeitfaktor spielt eine Rolle: solch verletzliche Themen kann man nicht unter Zeitdruck lösen. Gefühle helfen hier bei der Kommunikation, da man sich dann besser in den anderen hineinversetzen kann. Das Verstehen der eventuellen Einschränkungen (sei es in der Mobilität oder auch geistig/mental) kann der Partner nur verstehen, wenn man es ihm genau erklärt. Wichtig ist, dass man seine eigenen Bedürfnisse erkennt und ausspricht, aber gleichzeitig auch auf die Bedürfnisse des Partners eingeht. Das beinhaltet auch, dass man offen für Kritik ist und die Bitten und Wünsche des Partners wertfrei entgegennimmt.

Intimität und Sexualität tragen einen wichtigen Teil zur Verbesserung der Lebensqualität und einem ausgeglichenen Leben bei. Für das Funktionieren einer Beziehung können diese Faktoren also essentiell sein.

Die Kommunikation ist hier der Schlüssel zu einem offenen vertrauensvollen Umgang miteinander. Deshalb ist eine gute Eigenreflektion notwendig, ebenso wie das Eingeständnis, dass die Krankheit Probleme im gemeinsamen Sexualleben verursacht.

Eine der wichtigen Fragen sind: „Was kann mein Körper?" und „Wie kommt er mit den geänderten Bedingungen zurecht?" und: „Was brauche ich? Was brauche ich nicht? Brauche ich Sex überhaupt?".

Manchmal verursacht der fehlende Sex bei beiden Betroffenen gar keinen Stress oder Unwohlsein. Hier käme dann nämlich eventuell die „gelebte Intimität" ins Spiel, die beiden genügen könnte.

Wenn man aber Sex haben möchte und er auf Grund einer chronischen Erkrankung nicht mehr so möglich ist wie vorher, dann kann man gemeinsam nach Lösungen suchen. Aus falscher Scham mit seinem Partner zu schlafen und dabei eventuell noch Schmerzen auszuhalten, ist sicherlich keine gute Lösung.

Auch bei Männern kann es vorkommen, dass eine vermeintliche Lustlosigkeit unbewusst eigentlich nur als guter Schutz dient. Es gibt viele unausgetragene Konflikte, die den Körper lustlos machen.

Und natürlich sind beide Partner nun eventuell verunsichert, weil die Sexualität jahrelang funktioniert hat und es dann ein paar Mal aus irgendeinem Grund nicht geklappt hat. Dies kann zu Irritationen führen, aus denen heraus sich Stress und Druck entwickeln kann. Druck ist bei Sexualität nie gut und kann erst recht zu einem „Nicht-Können" führen. Schnell ist man in einer Teufelsspirale, aus der man kaum noch herauskommt.

Da ich hier im Buch so oft auf die wichtige Kommunikation eingehe, möchte ich sie einmal deutlich beleuchten, Ihnen verständlicher machen und somit auch die Bedeutung eines guten Gespräches aufzeigen.

> **KOMMUNIKATION** bedeutet, Grenzen und Distanzen zu überwinden

1. Sprache

Kommunikation (= lateinisch communicatio) bedeutet einen Austausch oder die Übertragung von Informationen.

Mit „Austausch" ist ein gegenseitiges Geben und Nehmen gemeint; „Übertragung" ist die Beschreibung dafür, dass dabei Distanzen überwunden werden können.

Und genau darum geht es mir mit meinem Buch. Distanzen zu überwinden, Brücken zu überqueren und Mauern einzureißen und (wieder) zusammen zu finden – das ist das, was jede Partnerschaft braucht, wenn sie in einer Krise steckt. Sexuelle Probleme können in einer bestehenden Partnerschaft solch eine Krise auslösen.

Wenn man eine neue Partnerschaft mit diesen Problemen „im Gepäck" eingehen möchte, kann man durch den Austausch von

Informationen und Emotionen schon im Vorfeld ein gutes Gespräch einleiten.

Demnach ist Kommunikation ein „soziales Handeln", das durch Kommunikationsziele und Kommunikationszwecke bestimmt ist.

Als Kommunikationsziel wird hier die Verständigung angesehen und als Kommunikationszwecke werden die in der jeweiligen Situation zu erreichenden Gegebenheiten angesehen – in unserem Fall die Überlegung, ob man die sexuelle Problematik als PROBLEM ansieht, das man beheben möchte, oder ob man andere Wege finden möchte.

Kommunikation geschieht nur sinnvoll in gegenseitiger Bezugnahme. In einer guten und kreativen, sozial gefestigten kommunikativer Sozialhandlung entstehen so neue Gedanken, Ideen und Problemlösungen, die allein vermutlich nicht entstehen würden. Gleichzeitig bauen solche Unterhaltungen, die noch dazu von positivem Erleben begleitet sind, auch die Nähe zum Partner auf.

> ➢ **Kommunikation ist immer ein Prozess und ein gegenseitiges Aufeinander-Einwirken.**

Und obwohl die „Kommunikation" etwas Alltägliches zu sein scheint und scheinbar selbstverständlich verläuft, kann sie sich, sobald sie Scham- und Angstbesetzt ist, doch als äußerst schwierig gestalten.

Noch dazu ist jeder individuell unterschiedlich kommunikativ. Der eine Partner ist vielleicht redefreudiger, der andere weniger. Der eine Partner macht „sprachlich zu", was der andere vielleicht nicht versteht und so kommt es ganz schnell zu Missverständnissen und als Folge dann zu Schuldzuweisung und Unverständnis.

Das Kommunikationsziel ist also stets die angestrebte „Verständigung". Das heißt aber, es muss zunächst einmal von beiden Partnern verstanden werden, worum es prinzipiell in einem Kommunikationsprozess geht. Sich sinnvoll zu verständigen würde bedeuten, eine in der Situation ausreichende Kompatibilität von Erfahrungen bezüglich eines Themas herzustellen. Die Bereitschaft, sich mit dem Thema Sexualität auseinander zu setzen, ähnliche Vorstellungen von Partnerschaft im Allgemeinen und der Wille, das Problem zu lösen - dies wäre dann schon ein großer Schritt in Richtung als Problembewältigung.

Denn erst auf der Basis von Verständigung können die notwendigen Kommunikationszwecke erreicht werden. Und deshalb geht es immer auch um die Perspektive auf die vorhandenen Probleme.

Seine eigene Kommunikation deshalb zu hinterfragen, schadet nicht, wenn man ein wichtiges Gespräch vor sich hat.

Denn bei einem Gespräch nimmt der Anteil der Sprache und Ausdrucksform einen großen Bereich ein. Kommunikationsprobleme der Problemstellungen und Problemlösungen sind dann vorprogrammiert, wenn entweder die Kommunikations-Ebene der Partner zu unterschiedlich ist, oder aber auch die Ausdrucksweise zu rational oder emotional ist. Die Folgen des kommunikativen Handelns gilt es dann auszuhalten und oft kommt man aus dieser Spirale nicht heraus.

Zu einer guten Kommunikation gehören neben allgemeinen Sprachbarrieren auch die Wahrnehmung, die Aufmerksamkeit, die Konzentrationsfähigkeit, die Ausrichtung auf den Anderen, sowie die Bereitschaft zuzuhören.

Und gerade bei Menschen, die vielleicht kognitive Leistungsstörungen auf Grund ihrer chronischen Erkrankung haben, ist beispielsweise längere Konzentration allein schon eine Schwierigkeit.

Das bedeutet, auch dies gehört dann zu einer Planung eines Gespräches dazu: man muss es vielleicht von vorneherein zeitlich begrenzen, Pausen einplanen und besprechen, wie man sich in den Pausen verhält (zum Beispiel wäre ein kurzer Rückzug in einen anderen Raum der Partner sinnvoll).

Eine weitere Möglichkeit zur Vorbeugung gegen Missverständnisse wäre, dass man sich auch im Vorfeld Folgendes überlegen und besprechen kann: es hilft sehr, das Gemeinte in verschiedenen Formulierungen zu sagen und auf diese Weise genauer einzugrenzen. So kann das Gegenüber aus verschiedenen Sichtweisen heraus das Gemeinte besser verstehen oder gar auch plötzlich „erkennen"/klarsehen.

Voraussetzung zu einem Gespräch muss immer OFFENHEIT und Wahrheit sein. Sich um ein Thema herum zu balancieren oder gar zu lügen, oder den Partner zu täuschen, bringt niemanden weiter. Es darf niemals ein Kommunikationszweck sein, den Anderen dominieren und unbedingt überzeugen zu wollen, sondern die Kommunikation sollte wirklich als Prozess verstanden werden, in dem sich beide Partner neu orientieren können und ihnen Manches besser bewusst, sowie auch klar wird und das Ziel sollte sein, eine GEMEINSAME Lösung zu finden.

Die Wahrnehmung von Körpersprache kommt dann noch (eventuell auch erschwerend) hinzu.

2. Körpersprache

Nicht nur die Sprache, mit der wir Wörter aussprechen und Sätze mit Sinn füllen ist uns eigen, sondern auch die Körpersprache, die auch als nonverbale Kommunikation bezeichnet wird.

Körpersprache äußert sich in Form von Gestik und Mimik und anderen bewussten oder unbewussten Äußerungen unseres Körpers. Sie ist also jene Sprache, die nicht verbal erfolgt. Die Körpersprache hat einen sehr entscheidenden Einfluss auf die Verständlichkeit der eigentlichen, gesprochenen Worte und deren Botschaft, sowie auf die Wirkung auf den Gesprächspartner.

Nonverbale Signale (nonverbale Kommunikation = jedes nichtsprachliche Verhalten, das Auskunft über innere Zustände des Gegenübers gibt) dienen auch zum Ausdrücken von Emotionen, zur Übermittlung von Befindlichkeiten und Lebenseinstellungen. Außerdem wird sie willentlich oder auch unbewusst eingesetzt, um sich zu präsentieren und dem Gegenüber Signale über sich selbst, seine Gefühlslage und seinen Status zu vermitteln.

Die aufrechte Körperhaltung signalisiert das Gegenteil von hängenden Schultern, ein fester Händedruck ist das Gegenteil von einem laschen Händedruck und vermittelt dem Gesprächspartner sofort, sofern dessen Wahrnehmungsfähigkeit intakt ist, mit wem er es in seinem Gegenüber zu tun hat. Dies kann man gezielt einsetzen (etwa auch bei Bewerbungsgesprächen), oder um seinen Gesprächspartner zu verunsichern, mitzureißen, oder auf sonst noch völlig unterschiedlichen Ebenen auszunutzen, zu gebrauchen. Und hier sind wir nahe am Missbrauch: in einem partnerschaftlichen Gespräch und dann noch bezogen auf ein sensibles Thema wie Sexualität, sollte eine böse Absicht und ein Missbrauch der eigenen Körpersprache natürlich im Vorneherein schon ausgeschlossen werden. Das ist ein Tabu, das hier nicht hingehört.

Augen verrollen, die Stirn in Falten legen – all das können abwertende Signale einer Körpersprache sein und haben in einem angestrebten guten Kommunikationsverlauf nichts zu suchen.

Körperhaltung, Körperbewegungen (vom Händedruck über Sitzposition und- Haltung), Haltung von Armen, Beinen und Füßen, Spiel mit den Händen, Fingern und Gegenständen, Kopfhaltung und die unterschiedlichen Formen der Blickkontakte, sowie der Tonfall des gesprochenen Wortes - das sind alles Signale der Körpersprache.

Menschen nehmen einander in einer Einheit aus Körper, Stimme und Wort wahr. Der Gesamteindruck ist sozusagen die komplette Kommunikation.

In einer bestehenden Partnerschaft kann man eher die Körpersprache seines Partners „lesen" und interpretieren. In einer neuen Beziehung ist dies natürlich noch nicht so möglich, was aber auch Vorteile hat, da man sich vermutlich etwas vorsichtiger annähert.

FAZIT:

Wenn man also mit seinem Partner ein Gespräch über anstehende (sexuelle) Probleme führen möchte, ist es hilfreich, ein paar Kenntnisse von „Kommunikation" zu erwerben, sich diese zu verinnerlichen, um sie dann im Gespräch sinnvoll einsetzen zu können.

Es geht wirklich nicht darum, dass man nun „korrekte" Gespräche führt, aber wenn sich jeder Partner bewusst darüber ist, was allein die Körpersprache signalisieren und ausmachen und ausrichten kann, dann ist ein gegenseitiges Achten im Gespräch schon einmal einfacher.

Worte können verletzen, Gesten und Mimik ebenso – das muss klar sein.

Deshalb kann man sich auch gemeinsam im Vorfeld ein „Stopp-Zeichen" überlegen und es dann einsetzen, wenn das Gespräch plötzlich emotional und somit vielleicht auch verletzend oder entwürdigend wird.

Kommunikation in Bezug auf INTIMITÄT

Da nun das Wort „Kommunikation" erklärbar ist, kann man es auch auf die Intimität des Paares übertragen. Kommunikation bedeutet nämlich auch, sich zu umarmen, zu küssen, zu streicheln und intim miteinander zu sein.

Mit diesem Wissen und den Erklärungen der nachfolgenden Kapitel, dass der Geschlechtsakt allein nicht Intimität ausmacht, sieht man als Paar vielleicht auch neue Möglichkeiten, in eine intime und wohltuende, zufriedenstellende und ERFÜLLENDE Kommunikation zu treten.

Intimität ist immer viel mehr als Sex.

> ➢ **Intimität ist ein Prozess nicht endend wollender Kommunikation und eröffnet uns somit neue Chancen und Wege.**

Vertrauensvolles MITEINANDER

Das vertrauensvolle MITEINANDER ist das „A und O" in einer jeden Beziehung. Und in einer Beziehung, in der ein Partner, oder auch beide, mit einer Behinderung oder chronischen Erkrankung leben, ist es sicher NOCH wichtiger, sich auszutauschen und eine liebevolle Offenheit miteinander zu finden. Wertfrei sollte sie sein, ohne Schuld-Zuweisung. Das ist die Grundlage eines Gespräches.

Auf Grund meiner sozialpädagogischen und psychologischen Ausbildung, mit vielen unterschiedlichen Fort- und Weiterbildungen, bin ich sehr oft dem Thema „Offenheit im Gespräch" begegnet. Deshalb ist mir der Hinweis auf eine gute Kommunikation auch so wichtig, zumal sie sich mitten in der Intimität wiederfindet. Liebe und Wertschätzung gehören genauso dazu und sind die Grundlage jeder Partnerschaft.

Den Partner dabei niemals zu bewerten, zu maßregeln oder zu erniedrigen ist Voraussetzung.

Die sogenannten „Ich-Botschaften" helfen jedem Start in ein Gespräch sehr gut.

Indem man von sich selbst, von seinen Bedürfnissen und seinen Wünschen, oder seinen Verletzungen spricht: „Ich fühle mich minderwertig" ist zum Beispiel eine Aussage, die niemand boshaft widerlegen kann. Denn so, wie ICH mich fühle, ist es mein „Ding". Würde ich sagen, „Du vermittelst mir immer das Gefühl, ich sei minderwertig", wären in diesem Satz schon eine Botschaft und eine Anschuldigung versteckt und der Gesprächspartner würde automatisch in eine Rechtfertigungshaltung gehen. Der emotionale unsachliche Austausch wäre vorprogrammiert.

„Ich wünsche mir, dass …", hört sich anders an, als „Du solltest mal...!".

Wenn man versucht, diese Regeln zu beachten, ist dem Gespräch von Anfang an schon einmal die Schärfe genommen.

Genauso wichtig ist eine gute Selbstreflektion vor jedem Gespräch, das man führen möchte. Ich denke, es ist gut, wenn man versucht, sich selbst mal mit den Augen des Anderen zu sehen. Vieles erscheint einem dann in einem anderen Licht. Außerdem kann man somit auch mal in die „Haut" des Anderen schlüpfen und dort in Ruhe nachspüren. Manches erledigt sich dann schon von selbst. Wenn ich versuche, meinen Partner zu verstehen, mich in ihn einzufühlen, wird es ihm umgekehrt ebenfalls einfacher gelingen und das ist schon eine wunderbare Voraussetzung für ein Gespräch.

Für mich persönlich ist zum Beispiel der Humor immer besonders wichtig. Chronisch Kranke und Behinderte sind generell im Vorteil, wenn sie viel lachen und alles mit Humor ertragen können. Und ganz besonders, wenn sie auch über SICH SELBST lachen können.

Also möchte ich hier an dieser Stelle meine Leser*innen ermuntern und ermutigen, sich der Symptomatik des Tabu-Themas Sexualität gerne mit viel Humor zu nähern und auch im Bett über die ein oder andere Panne herzhaft mit dem Partner zu lachen. Das entspannt, löst den Knoten der momentanen Schwierigkeit, macht Mut und birgt eine sehr große Chance: **die Chance auf Veränderung und vor allem auf NÄHE.**

Kommunikation und Zärtlichkeit kann man so auch als „Therapie" erleben.

Denn sowohl Intimität, als auch Sexualität tragen einen wichtigen Teil zur Verbesserung der Beziehung und Lebensqualität bei. Für das Funktionieren einer lebendigen Beziehung können diese Faktoren überaus wichtig sein und die Beziehung am „Laufen halten".

Der erste Schritt ist das Eingeständnis, dass die Krankheit Probleme im gemeinsamen Sexualleben verursacht. Wichtig ist es, die eigenen Bedürfnisse zu kennen und mit dem Partner offen über sie zu sprechen. Die ersten Fragen lauten: Was tut mir gut? (zum Beispiel eher ein Gespräch oder eine Umarmung?).

Was kann mein Körper (noch)? Wie kommt er mit den veränderten Bedingungen zurecht? Der Schlüssel zu all den Fragen ist tatsächlich immer wieder das Kommunizieren!

Wichtig ist es mir noch zu erwähnen, dass dieses Buch keinesfalls ein medizinischer Ratgeber ist. Es enthält auch keine Hinweise zu Medikamenten, da ich kein Arzt bin.

Dieses Büchlein widmet sich zwar den sexuellen Störungen, aber eher als Zusammenfassung, Erklärung und als Wegweiser. Ich kann keine medizinischen Tipps geben, sondern kann nur auf Grund meiner Recherchen und den wundervoll offenen Interviews einige Dinge erwähnen. Das Hauptanliegen dieses Buches soll es sein, dass sich Betroffene wiederfinden und sie sich nicht „alleine" und „allein gelassen" fühlen. Und vielleicht kann man das Buch auch an den Partner oder Angehörige weitergeben. Ich wünsche mir, dass ich meine Leser*innen ermuntere, sich des Themas „Probleme mit der Sexualität" anzunehmen und dass sie es sich zuzutrauen, ihren Partner darauf anzusprechen und im besten Fall in eine gute Kommunikation starten.

VORBEREITUNG
AUF EIN GESPRÄCH

Gedanken aufschreiben: alles, was einem einfällt, sollte man erst einmal unsortiert aufschreiben (Brainstorming).

Gefühle, Gedanken und Ideen auf Papier zu bringen, könnten dabei helfen, sich selbst über Einiges klar zu werden und den schwierigen Kommunikationsprozess mit dem Partner in Gang zu setzen.

Beispiele:

* Welche körperlichen Symptome behindern mich am meisten beim Sex?
* Welche Gefühle und Assoziationen habe ich, wenn ich an die MS und mein Intimleben denke?
* Was brauche ich, was nicht?
* Was geht noch, was nicht?
* Wo genau sind meine Ängste?
* Wie möchte ich mich ausdrücken?

Überlegungen:

* Den richtigen Zeitpunkt für ein Gespräch suchen. Es sollte in einem geschützten Rahmen stattfinden, Reizüberflutung ausschalten und die Grundstimmung sollte angenehm sein. Jeder kennt seinen Partner gut und kann die Optionen durchgehen. Direkt nach einem unbefriedigenden Erlebnis auch noch über ein so heikles Thema zu reden, könnte dazu führen, dass sich der Partner eher zurückzieht.
* Offen über seine Gefühle reden, aber nicht mit Kritik und Beschuldigungen beginnen, sondern mit den sogenannten ICH-Botschaften: „Ich würde lieber etwas mehr schmusen, bevor wir Sex haben", klingt besser, als „Du bist immer so schnell und scheinst nur an dein eigenes Vergnügen zu denken".
* WERTFREIHEIT ist Pflicht.

- Niemals ein Gespräch beginnen, wenn man selbst nicht ruhig und möglichst gelassen ist.
- Sich vorher gut informieren, damit man auch „Rede und Antwort" stehen kann. Ein fundiertes Wissen kann bei einem Gespräch mit dem Partner oder Ärzten helfen, Dinge leichter in Worte zu fassen.
- Dem Partner unbedingt die Möglichkeit geben, auch in Ruhe antworten zu können
- Mit dem Neurologen unbedingt zeitnah, oder vorher sprechen. Viele sexuelle Probleme, die auf die MS zurückzuführen sind, können medikamentös behandelt werden
- Der Andere sollte wiederum darauf achten, nicht abwertend oder spottend zu kommentieren, noch dem Partner das Gefühl geben, dass er sich für seine Gedanken schuldig fühlen muss.
- Manchmal ist es vielleicht sogar leichter, Ihrem Partner zu zeigen, was Sie gerne hätten.

FRAGEN, mit denen man sich mal selbst in einer ruhigen Minute befassen kann:

➜ Wie wichtig ist mir Sex?

➜ Möchte ich Sexualität, oder ist mir das unangenehm und ich wünsche mir eher eine platonische Beziehung?

➜ Mag ich mich selbst überhaupt noch? Und was kann ich tun, falls dies nicht der Fall ist?

➜ Mit wem kann ich über mein Problem reden?

➜ Hat die MS meine sexuelle Empfindsamkeit verändert?

➜ Haben eventuell Medikamente meine sexuellen Probleme verursacht?

➜ Habe ich noch sexuelles Interesse an meinem Partner?

➜ Hat mein Partner das Interesse an mir verloren?

➜ Welche Art der Empfängniskontrolle ist angebracht?

➜ Welche Sexualpraktiken können wir belassen, welche ändern? (wenn beispielsweise der Geschlechtsverkehr nicht mehr möglich ist – zum Beispiel wegen ausbleibender Erektion oder Schmerzen)

➜ Welchen Arzt kann ich zuerst aufsuchen, mit dem ich vertrauensvoll über mein Problem reden kann?

➜ Wann ist der geeignetste Zeitpunkt, meinen Partner zu einem Gespräch zu bitten?

➜ Leidet unsere Beziehung?

➜ Wenn kein fester Partner da ist: wann kann ich mit meinem neuen Partner am besten über meine sexuellen Störungen sprechen?

✓ **Bei Problemen mit der Sexualität sollte sich das betroffene Paar immer wieder vergegenwärtigen, dass sich Schwierigkeiten im Sexual-Leben auch bei gesunden Menschen einstellen.**

Es ist kein Problem, das ausschließlich Chroniker betrifft. Stress, Belastung auf der Arbeit und Müdigkeit sind häufige Ursachen für ein Desinteresse an Sex.

Ebenso können ungleiche Vorstellungen über Sex zwischen den Partnern oder äußerer sozialer Druck ungut für das Sexualleben sein.

Um Missverständnisse zu vermeiden, ist es sinnvoll darüber zu sprechen.

Für einen Betroffenen mag es hilfreich sein, diese Option nicht aus dem Auge zu verlieren und eine existierende Problematik nicht allein auf die Krankheit zu schieben.

Bei Problemen mit der Sexualität sollte sich das betroffene Paar immer wieder vergegenwärtigen, dass sich Schwierigkeiten im Sexual-Leben auch bei gesunden Menschen einstellen.

Es ist kein Problem, das ausschließlich MS`ler betrifft. Wie gesagt: Stress, Belastung auf der Arbeit und Müdigkeit sind häufige Ursachen für ein Desinteresse an Sex.

Ebenso können ungleiche Vorstellungen über Sex zwischen den Partnern oder äußerer sozialer Druck ungut für das Sexualleben sein. Um Missverständnisse zu vermeiden, ist es sinnvoll, darüber zu sprechen. Für einen chronisch Kranken mag es hilfreich sein, diese Option nicht aus dem Auge zu verlieren und eine existierende Problematik nicht allein auf die Erkrankung zu schieben.

Die „ICH-Botschaft"

Ich möchte noch einmal gesondert auf die sogenannten „ICH-Botschaften" eingehen, da sie meiner Meinung nach eine grundlegende Gesprächsbasis darstellen und davon zeugen, dass man bereit ist, wertfrei zu kommunizieren. Das ist immer wichtig, aber gerade beim Thema „Sexualität", das solch ein intimes und zerbrechliches Thema ist, halte ich es für noch angebrachter, liebevoll und ohne Schuldzuweisung zu reden.

Kommunikation in einer Beziehung findet immer statt, jeden einzelnen Tag. Wir können dabei viel falsch machen, aber wir können auch vieles richtig machen. Eine positive Kommunikation basiert auf einem achtsamen Formulieren und einem liebevollen Miteinander.

Ich-Botschaften sind dann richtige Ich-Botschaften, wenn nur die eigenen Eindrücke, Gefühle, Gedanken und Bedürfnisse ausgedrückt werden, ohne dem Empfänger dafür die Verantwortung (oder „Schuld") zuzuschieben – auch nicht unterschwellig!

Sie bestehen aus drei Einheiten: Verhalten, Gefühlen und Wirkung. Sie drücken wörtlich aus, was man denkt und fühlt und beschreiben die eigenen Bedürfnisse, Wünsche und Ziele.

Ich-Botschaften sind wundervolle „Werkzeuge", um Diskussionen, Konflikte und sonstige schwierige Gesprächssituationen zu entkrampfen und zu entspannen. Da man seine eigenen Gefühle schildert – die nun mal so sind – ist immer ein sehr persönlicher Anteil im Gespräch; man offenbart sich ja auch damit! Das wirkt immer deeskalierend – man nimmt sich und dem Gesprächspartner quasi den „Wind aus den Segeln" und kann das Gespräch und auch die Emotionen so besser in Balance halten.

Das bedeutet, dass in einer gut formulierten Ich-Botschaft das ausgelöste oder erwünschte Verhalten beschrieben wird, ohne es zu bewerten. Außerdem wird dem Empfänger vermittelt, welche Gefühle dieses Verhalten bei dem Sprecher ausgelöst hat und mögliche Folgen dieses Verhaltens werden aufgezeigt.

Eine gelungene Ich-Botschaft zu formulieren, hat den Vorteil, dass dem Empfänger vermittelt wird, dass der Sprecher auf derselben Ebene mit ihm steht.

> Außerdem wird durch die Ich-Botschaft deutlich, dass der Sprecher ein/das Problem hat und nicht den Empfänger als das Problem darstellt, was ein wesentlicher Aspekt für eine liebevolle Beziehung ist.

> In einer liebevollen und achtsamen Kommunikation behalten wir unseren Gesprächspartner stets im Blick.

Das Gegenteil sind Sätze wie: „Du bist immer unpünktlich!", „Du weißt alles besser!", Nie hörst Du mir zu!" Somit weist man immer direkt die Schuld zu und das Gegenüber fühlt sich bedroht und unbehaglich, verletzt und nicht ernstgenommen. Meistens bringt man eine solche Botschaft auch nicht in einem ruhigen Ton herüber, weil man sehr aufgebracht ist. Das erschwert das Gespräch zusätzlich. Natürlich möchten wir in solchen Momenten unbedingt unsere Kritik, unsere Enttäuschung oder unseren Ärger herüberbringen, aber es mit Anschuldigungen zu versuchen ist nicht zielführend. Man stößt automatisch auf Kritik, Abwertung oder Ablehnung. Die logische Konsequenz ist, dass unser Gegenüber deswegen auch entweder mit Gegenangriff, Schweigen und emotionalem Rückzug oder mit einem klaren Gesprächsabbruch reagiert. Du-Botschaften drängen jeden in eine Ecke und man schaltet automatisch in den Verteidigungsmodus. Wenn wir wütend sind, wollen wir uns rechtfertigen - aber sind wir dann offen für ein zielführendes Konfliktgespräch? Nein - dies führt dann eher noch zu weiteren Du-Botschaften und zur völligen Eskalation. („Das ist ja mal wieder typisch für Dich!").

Aber natürlich ist nicht jeder Satz, der mit „Ich" anfängt, auch eine geeignete Botschaft!

„Ich finde, Du bist wirklich ein neidzerfressener Idiot!" – ist sicherlich keine gelungene Botschaft! ;)

Und sobald die Worte „man" oder „wir" verwendet werden, ist die Aussage verallgemeinert.

Deshalb gilt: Nur wenn man sie richtig formuliert, bringen sie den gewünschten Erfolg.

Natürlich - das ist klar - ist niemand ist frei von Fehlern und Kommunikation ist nicht immer einfach. Deshalb passiert es schnell, dass wir in Gesprächs-Fallen tappen und uns in der Spirale einer unerwünschten Kommunikation wiederfinden.

In einer guten Kommunikation ist es deshalb wichtig, die Beobachtung einer Situation klar von der Bewertung einer Situation zu trennen.

Gute Anfänge für eine Ich-Botschaft sind zum Beispiel: „Es hat mich geärgert, dass…", „Ich wünsche mir, dass…", „Mir ist aufgefallen, dass…", „Ich war enttäuscht, weil…"

Wie funktionieren echte Ich-Botschaften?

Einfach ist anders – das haben wir gelernt. Auch wenn man pauschal sagen kann, dass alles, was mit „Ich möchte …", „Ich will …" oder „Ich verlange …" anfängt, zwar rein grammatikalisch eine Ich-Botschaft ist, aber dann doch meist nichts anderes als eine Du-sollst-gefälligst-Botschaft ist.

Deshalb: Eine Ich-Botschaft gibt persönliche Eindrücke wieder. Sie erklärt, was das Verhalten des anderen für Gefühle bei einem selbst auslöst und vor allem: sie drängt den anderen nicht in die Defensive.

Da man aber auch in der Ich-Botschaft eine Art Selbst-Offenbarung ausspricht, ist eine echte Ich-Botschaft ehrlich und sehr mutig. Denn wir zeigen uns selbst und dies ist für viele Menschen erst einmal ungewohnt und mitunter ein großer Schritt!

Aber wenn man sich verdeutlicht, dass „Schon wieder hast Du den Müll nicht herausgebracht!!!" ein klares Beschuldigen ist und ein „Ich finde es nicht schön, dass Du den Müll nicht herausgetragen hast" auch keine sinnvolle Kritik ist, dann kann man nach anderen Möglichkeiten suchen. Beispielsweise: „Ich kann nicht weiter aufräumen, wenn

Du den Müll nicht herausbringst und mich total geärgert, weil ich viel zu tun habe. Ich fühle mich nicht ernst genommen und nicht respektiert, wenn Du unsere Absprachen nicht einhältst "

Auch wenn das nicht viel anders klingt: Die Gesprächsebene ist sofort eine andere: weg von der Eskalation - hin zum Dialog. So eine echte und ehrliche Ich-Botschaft sorgt für mehr Verständnis und Kompromissbereitschaft. Vermutlich aber würde das Gegenüber hier einlenken: „Es tut mir leid. Ich wollte Dich nicht kränken!" Denn man ist dann auf der Gefühlsebene, die ein anderer immer besser begreifen und nachvollziehen kann.

Auch der Tonfall des Gesagten, die Mimik und Gestik (also die Körpersprache des „Senders") vermitteln erfolgreiche Ich-Botschaften.

Noch zwei deutliche Beispiele:

Du-Botschaft: „Ich bin Dir völlig egal!"
Ich-Botschaft: „Wenn Du unsere Verabredung vergisst, bekomme ich das Gefühl, dass ich Dir egal bin."

Du-Botschaft: „Immer liegen überall Deine Sachen rum!"
Ich-Botschaft: „Es stört mich, wenn Deine Kleider im Schlafzimmer auf dem Boden liegen."

> ✓ **Die Formel hierfür könnte sein: Ich + Sachaussage + meine Bedürfnisse und Gefühle (+ mein Appell), angemessene Körpersprache.**

Das heißt also: Beobachtungen ohne Bewertung ausdrücken, Gefühle und eigene Bedürfnisse ausdrücken und eine Bitte formulieren. Eine Bitte stellt immer eine „Brücke" dar, über die die Kommunikation mit dem Empfänger wieder in Gang gebracht wird.

Aber bei allem Eifer um eine gelungene Ich-Botschaft: Sie ist keine Forderung! Man kann niemand dazu zwingen, die eigenen Bedürfnisse zu erfüllen!

Im besten Fall ist Kommunikation ein harmonisches Zusammenspiel zwischen dem aufmerksamen Zuhören, dem respektvollem Antworten und Erkennen der eigentlichen Situation, sowie eine wertungsfreie Wiedergabe der eigenen Bedürfnisse und Wünsche. Aber all das immer zu beherzigen, ist schwer, vor allem, wenn man sehr aufgebracht ist. Sich aber der „Ich-Botschaften" bewusst zu sein und sie versuchen einzusetzen, das ist immer hilfreich und mit der Zeit gehen sie einem auch eher in „Fleisch und Blut" über, als zu Beginn.

Und eine aufrichtige Entschuldigung löst Missverständnisse auch auf! Dafür sollte man sich nie zu schade sein, wenn doch mal etwas in der Kommunikation schiefgelaufen ist!

Liebevolles & achtsames Kommunizieren

„In einer liebevollen und achtsamen Kommunikation behalten wir unser Gegenüber im Blick.

Folgende Fragen sind dabei nützlich:

* Wie sich fühlt mein Gegenüber?
* Was braucht mein Gegenüber?
* Welchen Wunsch hat mein Gegenüber?
* Habe ich ihn/sie wirklich verstanden?
* Hat er/sie mich wirklich verstanden?
* Kommuniziere ich ohne Druck?
* Habe ich meine Gefühle zum Ausdruck gebracht, ohne ihn/sie damit zu bedrängen?
* Ist mein Bedürfnis klar geworden?
* Schätze ich die Situation wirklich richtig ein oder bewerte ich sie zu stark / schwach?" (1)

(1) https://www.taste-of-power.de/ich-botschaft/

Beziehungen/ Partnerschaft

Je nach Beziehungs-Status des Einzelnen wird auch die eigene Sexualität da sein – oder auch nicht. Je nachdem spielt Sexualität vielleicht eine größere oder kleinere Rolle. Die Frage ist immer, ob es sich um eine „Wahl der Rolle" handelt, oder ob es von außen aufgestülpt wurde – durch verschiedene Faktoren, wie Behinderung, soziale Isolation und so weiter.

Prinzipiell ist Sexualität mit uns selbst verknüpft und dementsprechend wird sie irgendeine Rolle spielen. Das kann jeder für sich selbst beantworten.

Nun kommt es natürlich noch darauf an, ob man in einer festen Partnerschaft ist, wenn die Diagnose gestellt wird, oder ob man Single ist. Jede Beziehung hat ihre Stärken, ihre Vor- aber auch Nachteile.

Ich persönlich habe beides erlebt: als meine Diagnose gestellt wurde, befand ich mich in einer langjährigen und festen Beziehung und wurde aufgefangen. Später wurde ich (aus anderen Gründen) geschieden und war wieder Single – mit MS! Das heißt, ich musste mir Gedanken machen, wie ich einem neuen Partner entgegentrete, wann ich ihm von meiner MS erzähle… und so weiter!

Durch den Tod meines Mannes bin ich wieder Single und habe weitere Erfahrungen gemacht.

Immerhin durfte ich feststellen, dass meine MS an sich nie ein Hinderungsgrund war, was ich in tiefer Dankbarkeit annehme.

1. Bestehende feste Beziehungen:

Wenn man spürt, dass sich Probleme im Sexualleben anbahnen, sollte man schnellstmöglich das Gespräch mit dem Partner suchen. Dazu gehört auch Folgendes: wenn man das Gefühl hat, man selbst oder der Partner wäre sehr unzufrieden; wenn man Angst vor Sex hat; oder es einem durch krankheitsbedingte Symptome peinlich ist, Sex zu haben.

Kommunikation ist der einzig richtige Weg, die Beziehung in dieser Situation körperlich und emotional zu stärken.

2. Singles, die eine Beziehung eingehen möchten:

Hier gilt prinzipiell das Gleiche, außer dass es sicher sehr ratsam ist, schon im Vorfeld, vor dem ersten sexuellen Kontakt. ganz deutlich die Probleme anzusprechen.

Jetzt ist immer noch Zeit für einen würdigen Rückzug, auch wenn dieser unendlich schmerzt. Viel schlimmer wäre ein Rückzug nach dem ersten Sex: denn dann würde das Selbstvertrauen noch mehr Schaden nehmen und unser vielleicht sowieso wackliges Selbstvertrauen noch mehr ins Wanken geraten.

Da ich selbst nach meiner Scheidung Single war, weiß ich, dass es schwer ist, diesen Schritt des Mitteilens zu gehen. Es ist schwer, sich mit seiner MS zu offenbaren und noch schwerer, auf etwaige Probleme bei der Sexualität hinzuweisen. Aber es lohnt sich.

Und wie schon erwähnt, ist es beim Zulassen einer jeden neuen Beziehung sowieso immer die Frage, wann der richtige Zeitpunkt ist, dem Anderen mitzuteilen, dass man an einer unheilbaren und sehr unkalkulierbar verlaufenden Krankheit leidet (wenn man es nicht SIEHT – bei sichtbaren Symptomen erübrigt sich diese Frage, da man sicherlich gleich anders ins Gespräch kommt). Das muss ja nicht beim ersten Treffen im Eiscafé sein und auch weder leichtherzig noch nebenbei. Aber wenn man spürt, dass die Beziehung doch ernster wird, sollte man nicht zu lange damit zurückhalten.

Die Enttäuschung, wenn man sich schon richtig verliebt hat, ist viel größer, als noch zu Beginn, wenn die Bindung noch nicht so tief ist.

Mir persönlich war es bei meinem zweiten Mann zu Beginn unserer Beziehung wichtig, ihm möglichst früh mitzuteilen, dass ich MS habe (obwohl sie mich damals fast gar nicht beeinträchtigte). So konnten wir in Ruhe und im Schutz der ersten Verliebtheit Vieles ansprechen und auch gemeinsam überlegen, wie wir bestimmte „gehandicapte" Situationen handhaben würden. Man nimmt durch dieses „Vorgespräch" seinem Partner gleich auch schon den „Wind aus den Segeln", spricht offen an, welche Beeinträchtigung sich wie äußern könnte und gibt ihm eine sehr faire Chance, sich das Gehörte in Ruhe durch den Kopf gehen zu lassen und sich selbst zu prüfen, ob und wie er damit umgehen kann – oder auch nicht. Ich fand es damals außerdem sehr befreiend, ihm von meiner MS zu erzählen.

Ich hatte viel Glück: die MS spielte keine Rolle und er liebte mich als „Mensch".

Des Weiteren möchte ich hier noch einmal erwähnen, dass es auch MS-Medikamente (oder Chemotherapie und so weiter) gibt, die die Sexualfunktion negativ beeinflussen.

Hierzu gehören vor allem Arzneimittel gegen Depression und Spastik. Man sollte sich in diesem Fall vom Arzt beraten lassen, welche Alternativen es gibt.

Ich habe immer wieder festgestellt, dass ein gutes Gespräch, egal über welches Thema, einer Beziehung immer guttut.

Sich gegenseitig verstanden, angenommen und geliebt zu fühlen, Nähe zu spüren – das ist auch ohne Sex möglich. Sex bereichert natürlich eine Partnerschaft und ist auch wirklich wichtig. Wie wichtig Sex ist, das muss das Paar für sich selbst entscheiden – da hat sicherlich jeder eine andere Bedürftigkeit.

Aber auch Gesunde haben gegebenenfalls ab einem bestimmten Alter sexuelle Störungen und auch damit müssen Paare klarkommen. Männer leiden im Alter oft an Erektionsstörungen und Frauen haben häufig ausgelöst durch die Wechseljahre Probleme mit der Sexualität. Und auch hier kann man nicht immer medikamentös helfen, da im fortgeschrittenen Alter auch „Gesunde" womöglich verschiedene gesundheitliche Probleme haben und dafür Medikamente nehmen müssen, die sich zum Beispiel mit Potenzmitteln nicht vertragen.

Auch andere chronische Krankheiten, wie zum Beispiel Diabetes, können sexuelle Probleme verursachen.

Es ist wichtig zu wissen, dass man nicht alleine mit dieser Problematik ist. Denn mal ganz ehrlich: welcher Mittfünfziger würde am Stammtisch mal so eben erzählen: „Ach übrigens, ich habe Erektionsprobleme!"? Niemand.

Dieses Thema wird totgeschwiegen.

Vielleicht reden Frauen untereinander schneller über ihre Probleme, aber mit Rücksicht auf ihren Partner würden sie sicher auch nicht von seinen Erektionsproblemen berichten.

Daran sieht man, dass mit anderen gesundheitlichen Störungen, wie beispielsweise Gastritis oder Migräne, einfach anders und lockerer umgegangen wird. So, wie man über Kopfschmerzen spricht, sich gegenseitig Ratschläge und Tipps gibt: das würde beim Thema Sexualität nie passieren.

Somit hat man aber auch keinen Vergleich, fühlt sich alleine und unverstanden und deprimiert.

Deswegen bin ich meinen Interviewpartnern so außerordentlich dankbar, da sie mir wertvolle Einblicke und Hinweise für dieses Buch gaben.

3. Langjährige Partnerschaften

Sie haben den Ruf, dass der „Sex" sowieso nachlässt. Das ist sicherlich oft so, muss aber nicht sein. Denn am meisten verunsichert es ja viele, dass Sexualität angeblich immer ein gewaltiger „Kick" sein muss. Eine Explosion der Gefühle und der Orgasmen wird erwartet und es sollte möglichst noch alles Bisherige in den Schatten stellen. Diese Erwartung stresst natürlich noch zusätzlich. Hinzu kommt, dass man meint, auch nach 40 Ehejahren noch einen idealen Körper vorweisen zu müssen. Diese Erwartungs-Gedanken, auch an sich selbst, sind alles Liebestöter und führen immer weiter in die Spirale der Angst und in die Falle der Lustlosigkeit.

Zu Beginn einer Beziehung erleben wir (im besten Fall) den „ultimativen Liebeskick, Erotik, Lust und Leidenschaft pur!" Dieser Zustand kann weder rein körperlich, noch seelisch, für IMMER aufrechterhalten werden – es würde unseren gesamten Organismus überfordern, immer diesem Ausnahme-Zustand „ausgeliefert" zu sein – auch wenn er sich noch so wundervoll anfühlt.

Im Laufe einer gefestigten Beziehung nimmt tatsächlich die Geborgenheit den Platz des ultimativen „Rosarote-Brille-Verliebtseins" ein und schafft damit eine neue und auch wundervolle Ebene. Sex kann dann immer noch aufregend und auch neu sein – das hängt vom jeweiligen Paar ab, aber der Körper fährt im Laufe der Zeit wieder auf „Normal-Zustand" herunter. Man weiß ja auch rein medizinisch, dass auf Grund gewisser Botenstoffe die Spannung mit der Zeit abnimmt und das ist ganz natürlich.

Und hier kann eine vertraute und wirklich jeweils auf das Paar abgestimmte einzigartige Intimität wichtiger sein, als nur Sex zu haben. Solch ein Paar wird auch mit hinzukommenden Beeinträchtigungen des einen Partners besser zurechtkommen und wird sich ebenfalls einfacher darauf einstellen können.

Mit meinem verstorbenen Mann hatte ich von Anfang an eine sehr aufrichtige, authentische und liebevolle Kommunikation. Sogar Freunde bemerkten dies und fanden es „besonders"! Wir konnten über alles reden, wir sind uns sehr respektvoll begegnet.

Reden schweißt zusammen und stellt eine besondere Verbindung her. Diese besondere Verbindung hat uns die zwei schrecklichen Jahre, die er im Sterben lag, gehalten und getragen. Selbst als er nicht mehr sprechen konnte, da sein Gehirntumor so aggressiv wurde, haben wir noch bis zum Schluss nonverbal kommuniziert. Ich beschreibe dies hier deshalb, da mir klar wurde, wie wertvoll, wie wichtig und besonders es ist, wenn man eine gute Kommunikation gelebt hat. Ohne diese Kommunikation, die wir über viele Jahre geübt und uns einfach angeeignet hatten, wären die letzten Monate und Wochen seines Lebens sehr arm gewesen.

Für eine neue Beziehung ist mir deshalb Kommunikation auf allen Ebenen ganz besonders wichtig!

Das LEBEN ist kurz
lebe es

LIEBE und ZUNEIGUNG sind überall
ergreife sie

AUFREGUNG ist nicht gut
lasse los

ANGST macht Dich schwach
und angreifbar
akzeptiere sie und nehme sie an

GELASSENHEIT mach stark
erlange sie

FREUDE ist wundervoll
spüre sie
Schöne MOMENTE sind
kostbare Augenblicke
genieße sie.

©multiple-arts.com

Partnerschaft

Eine Partnerschaft ist eine gleichzeitig sexuelle und soziale Gemeinschaft zwischen zwei Menschen.

Ich möchte das Thema hier noch einmal extra beleuchten, da es uns aufzeigt, dass sich Partnerschaft nicht über Sexualität (beziehungsweise Geschlechtsverkehr) definieren muss. Partnerschaft hat ganz viele Facetten, die ebenfalls beglücken können und ein erfüllendes Miteinander ausmachen.

Mir ist es wichtig, dies zu beleuchten, um den Fokus weg vom Sex zu bringen und dafür auf anderes GUTES in der Beziehung zu richten. Sozusagen, um den Fokus oder die Perspektive zu ändern!

Liebe ist ein besonderes Gefühl, aber dauerhafte Liebe bedeutet auch Arbeit. In einer Liebesbeziehung ist es deshalb eine Grundvoraussetzung, dass man sich gegenseitig liebt. Deshalb bedarf es „Handlungen, Absichten und eines offenen Herzens", damit die Beziehung andauert. Es reicht nicht nur zu fühlen, man muss diese Liebe auch leben und darf sie nicht als selbstverständlich hinnehmen.

Was also macht eine gute Beziehung aus und warum sind manche Paare zufriedener als andere? Wie viel Sex braucht eine glückliche Beziehung? Und wie viel Freiraum brauchen jeweils die Partner?

Studien zufolge kommt die höchste Zufriedenheit von Paaren, wenn sie gut im gemeinsamen Alltag organisiert sind und bei Sorgen und Problemen Unterstützung vom Partner erfahren. Sich demnach in allen Lebenslagen auf den Partner verlassen zu können, fördert Vertrauen in die Stabilität der Partnerschaft. Das ist auch bei Paaren mit chronischer Erkrankung möglich und wird oft automatisch gut praktiziert. Wenn man sich als Team fühlt, vereint dies besonders.

Spaß, Humor und gute Gespräche sind ebenfalls festigend für eine Beziehung. Denn gerade Humor und ein liebevoller intensiver Austausch sind besondere Formen der Kommunikation und dies völlig unabhängig von Alltagsthemen. Dies zeigt nämlich echtes Interesse auf, stärkt und verbindet. Denn wenn man viel Aufmerksamkeit von seinem Partner bekommt, dann stärkt dies das Liebesgefühl und intensiviert es.

Ebenso ist es bedeutsam, dass man sich viel gegenseitigen Freiraum lässt. Denn Raum für eigene Interessen und Freunde gehört zu glücklichen Beziehungen einfach dazu. Auch, dass man die Gelegenheit bekommt, oft Zeit für sich selbst zu haben, ist wichtig.

Aber natürlich ist auch Sex für eine Beziehung in den meisten Fällen sehr wichtig. Denn sich begehrt zu fühlen ist schön und wichtig. Das kommt immer auf das Paar an. Aber zu „Sex" gehört ja auch, dass man sich Komplimente macht, oder mal kurz berührt, sich anlächelt und Nähe schafft, auch wenn man vielleicht gar nicht nebeneinander sitzt.

Prinzipiell ist es so, dass sich eigentlich jeder nach Liebe, Glück, Vertrauen und Respekt in einer Partnerschaft sehnt. Aber dazu gehört auch, dass man an sich selbst arbeitet. Verliebtheit ergibt sich vielleicht, aber eine langjährige Partnerschaft zu erhalten, ist nicht immer einfach. Man muss sich gut reflektieren können und dazu bereit sein, sich über die Jahre zu einem liebevollen, vertrauensvollen, glücklichen und respektvollen Partner zu entwickeln.

Und klar ist auch:

> **Kein Mensch der Welt kann uns dauerhaft glücklich machen. Dafür ist man selbst verantwortlich.**

Das heißt, dass Partnerschaft auch eine Persönlichkeitsentwicklung ist. Beziehungen sind einfach die besten Lernfelder und Reifungsmöglichkeiten für die Persönlichkeit. Diese einmalige Chance darf man ergreifen!

Natürlich klärt man erst einmal innerhalb der Beziehung, welche Wünsche man selbst und auch der Partner hat. Nicht jeder hat die gleichen Vorstellungen von Partnerschaft. In einer Partnerschaft muss jeder die eigenen Vorstellungen und die des Partners kennen. Und letztendlich wird es nur funktionieren, wenn man ähnliche Wünsche und Erwartungen hat. Eine Diagnose, die vielleicht mittendrin auftaucht, verändert dies natürlich von Grund auf und kann eine Beziehung auf eine harte Probe stellen. Umso wichtiger ist es, Gemeinsamkeiten und eine ähnlich gestimmte Basis zu haben, auf die man sich auch in Krisen-Situationen stützen kann.

Wichtig ist es deshalb auch, ein gemeinsames Lebensziel zu haben
– und gegebenenfalls mit einer erschreckenden Diagnose neu anzu-
passen. Eine gute Beziehung braucht einfach ein gemeinsames Ziel für
die Zukunft. Nur wer die gleichen Ziele und Wünsche hat, kann gemeinsam stark auf sie zu arbeiten.

An einem Strang zu ziehen, lässt die Last leichter werden, sie wird
geteilt und das schweißt zusammen und vereint. Dass man sich selbst
dabei nicht aus den Augen verlieren darf, ist selbstverständlich. Eine
Beziehung braucht Gemeinsamkeiten, aber jede Person muss sie selbst
bleiben dürfen. Jeder muss dabei das Recht und die Möglichkeit haben, sich weiterzuentwickeln, um sein volles Potenzial aber auch sein
Glück zu erreichen – für sich selbst und für die Partnerschaft!

**Ein zufriedener Partner wird immer sich selbst wahrnehmen
und auf die eigenen Bedürfnisse achten, aber dabei das Wohl
des Partners immer im Blick haben. DAS ist Gemeinsamkeit,
das ist Beziehung! Das heißt, Liebe, Respekt und Vertrauen sind
hier die Schlüsselwörter. Achtsamkeit gegenüber sich selbst und
dem Partner.**

Dazu ist, wie im Buch schon mehrfach erwähnt, eine gute Kommunikation wichtig. Denn die meisten Probleme in einer Partnerschaft
sind eigentlich Kommunikationsprobleme.

Eines der Fundamente einer funktionierenden Partnerschaft ist die **Akzeptanz.** Gerade nach einer längeren Zeit in der Beziehung kommt es gerne mal zu Nörgeleien…

Hier ist es wichtig auszusprechen, was einen stört, sich aber doch insgesamt (wenn es keine groben Dinge sind) zu einigen und Kompromisse einzugehen. Bei fremden Menschen fällt es uns scheinbar viel leichter, sie mit ihren Schwächen und Fehlern zu akzeptieren, als bei den Menschen, mit denen wir unser Leben teilen. **Annehmen** – Annehmen wie der Partner ist, das ist das Schlüsselwort.

Das mag im Alltag manchmal nicht so leicht erscheinen, zu oft sind wir genervt, gereizt, gestresst und überempfindlich – ausgelöst durch den Druck, der um uns herum zu herrschen scheint.

Aber „Alltag" ist in einer Beziehung wichtig, weil Routine auch kleine Traditionen beinhaltet, die wertvoll sind. Ich gehe regelmäßig mit einem Freund und seinem Hund Gassi und wenn ich ihn frage, wie es ihm und seiner Frau geht, antwortet er oft: „Zum Glück nichts Außergewöhnliches. Routine eben!". Denn angesichts dessen, was in meinem Leben (damals mit einem schwerkranken Mann und meiner eigenen Erkrankung und den damit bedingten Einschränkungen und Unwägbarkeiten) los ist, ist er froh, dass er seine Routine hat. **Auf die Perspektive kommt es an! :)**

Allerdings ist die Gefahr, sich gegenseitig als zu selbstverständlich zu nehmen, groß. Wenn man aber immer mal seine Beziehung und seinen Alltag reflektiert, kann man auch in einem Alltag etwas Schönes finden: nämlich Vertrautheit, Frieden und Ruhe. Das ist vielen Menschen leider nicht vergönnt.

Aber es schadet definitiv nicht, beziehungsweise, es ist förderlich, seinen Alltag immer mal zu durchbrechen. Das gelingt, indem Sie sich beide immer wieder etwas einfallen lassen, um den anderen zu überraschen. Unternehmen Sie hin und wieder etwas ganz Besonderes. Dann fällt es auch noch leichter zu wissen, dass die Vertrautheit und das Sicherheitsgefühl so wohltuend sind. Und doch schafft man damit wieder eine gewisse Begeisterung – man kennt sie noch vom Zauber des Anfangs oder auch von bestimmten Situationen und Erlebnissen. Begeisterung ist ein sehr starkes Gefühl – es lohnt sich, auch mal wieder das Bewundernswerte am Partner neu zu entdecken, besondere Eigenschaften, die man an ihm liebt, Gesten oder auch die Stimme.

Auch chronisch Kranke haben diese individuellen wundervollen Eigenschaften – sie geraten nur manchmal in Vergessenheit! Sich begeistern und tief dankbar zu sein für das, was man hat – das ist eine einzigartige Möglichkeit, wieder Spannung in die Partnerschaft zu bringen!

Klar ist: Liebe funktioniert in den wenigsten Fällen von allein – jedenfalls nicht dauerhaft. Und auch wenn es vielleicht zu unromantisch klingt, ist es doch lohnenswert, ein bisschen Arbeit in die eigene Partnerschaft zu investieren.

Gerne kann man auch altgewordene Routine neu definieren. Arbeitsteilung beispielsweise ist im Haushalt heutzutage nichts Besonders mehr, sondern einfach normal. Manchmal darf man neu sortieren, neu denken und miteinander dann gemeinsam zu Neuem finden! Auch das kann beflügeln und begeistern!

Deshalb ist Ehrlichkeit so wichtig. Auch wenn Ehrlichkeit nicht bedeutet, dass man dem Partner alles erzählen muss. Ehrlichkeit entsteht viel mehr aus der Achtung dem anderen gegenüber. Ehrlichkeit bedeutet, dem anderen die Wahrheit zu sagen und nichts Bedeutungsvolles, was für beide wichtig ist, zu verschweigen. Es ist ganz einfach: Diese Form der Ehrlichkeit sind wir einander schuldig.

Einmal fragte die Liebe die Freundschaft:

"Für was bist du da, wenn es mich gibt?"

Sie antwortete:

"Um dort ein Lächeln zu bringen, wo du eine Träne hinterlässt!"

Wie sage ich einem „neuen" Partner, dass ich chronisch krank bin?

Meiner Erfahrung nach ist es etwas ganz Anderes, ob man eine schwere Diagnose während einer (im besten Fall gut funktionierenden) Partnerschaft/Ehe erhält, oder als Single unterwegs ist und sich erst auf Partnersuche begeben möchte. Dies ist selten ganz einfach und mit einer „Diagnose" im Gepäck, ist es nochmals schwerer.

Natürlich kann auch in einer bestehenden Beziehung eine Diagnose so überfordern, dass sich Partner trennen, was für den Betroffenen meist eine Katastrophe darstellt.

Wenn man dabei ist, einen neuen Partner zu finden, muss man sich vorher gut überlegen, wie man mit seiner chronischen Erkrankung umgeht – wie und wann (und wo) man sie dem Anderen mitteilt.

Ich habe beides erlebt, da ich meine MS-Diagnose als junge Mutter während einer festen Ehe bekam. Später, nach einer Scheidung war ich Single und stand vor genau diesem Problem: „Sage ich es früh? Und WANN???". Da man mir die MS kaum ansieht, konnte ich nicht davon ausgehen, dass es jemand wahrnehmen würde.

Es gibt sehr unterschiedliche Erfahrungsberichte von Betroffenen.

Ich habe es nicht gleich beim ersten und zweiten Date gesagt, aber als klar wurde, dass es etwas Festeres werden könnte, habe ich es sehr schnell geklärt – und hatte Glück. Mein verstorbener Mann hat es sehr gelassen aufgenommen – allerdings ging es mir damals auch einfach nur gut.

Von anderen weiß ich, dass sie mit dieser Strategie keinen Erfolg hatten und sich auch Partner direkt nach Bekanntgabe verabschiedet haben. Das ist natürlich doppelt schlimm, denn wir werden wegen unserer Krankheit verlassen – aber eigentlich nicht wegen uns selbst – das hatte aber noch gar keiner feststellen können, denn er hat uns nie die Chance gegeben. Ein ver_rücktes Agieren.

Ein Partner einer Betroffenen sagte: „Sie hat es mir sehr früh gesagt - sogar schon beim Schreiben!" Für ihn war das OK, er wollte erst einmal den Menschen kennenlernen.

Andere sagen es beim ersten persönlichen Treffen oder Date, wieder andere erst nach dem ersten Sexual-Kontakt.

Eine häufige Frage ist leider auch diese: „Bin ich es denn überhaupt wert geliebt zu werden?"

Das resultiert aber oft auch aus der Unsicherheit der Krankheit heraus und aus den womöglich sichtbaren Beeinträchtigungen. Das heißt, oft fühlen sich Menschen selbst nicht mehr sexy (weil sie zugenommen haben, spastisch sind, entsprechende Beeinträchtigungen haben und so weiter). Manche chronisch Kranke leben erst einmal sozusagen in einer Art „Zwischenwelt": sie wissen nicht mehr, wer sie sind oder wo die Reise hingeht. Sie fragen sich, ob sie denn noch ein ebenbürtiger Partner sein können oder ob sie überhaupt noch liebenswert seien! Ganz getreu der Vorstellung: „Wie könnte mich jemand lieben, wenn ich mich gerade nicht einmal selbst leiden kann?"

An solch schlimmen Selbsteinschätzungen sollte man unbedingt arbeiten und sich klarmachen, dass man immer wertvoll ist und eine Krankheit daran nichts ändert. In einigen meiner anderen Bücher habe ich dazu viel geschrieben. Es ist wichtig, althergebrachte und unsinnige oder gar erniedrigende alte Glaubensmuster- und Sätze aufzulösen.

Für mich persönlich ist es so: Ich weiß, dass es **mich** NUR mit dem „Päckchen MS" gibt. Ich kann meine MS nicht ausblenden. Sie ist da – mal schlechter, mal besser. Deshalb finde ich es angebracht, wenn man möglichst früh dem Partner davon erzählt – auch von den nicht sichtbaren Beeinträchtigungen und Symptomen und was die Krankheit für die Partnerschaft bedeuten kann.

Meine Freundin wurde, nachdem sie es ihrem neuen Partner gesagt hatte, liebevoll gefragt, ob sie denn normalen Geschlechtsverkehr haben könne, oder ob er auf etwas achten müsse. Das war wertfrei und fürsorglich – sie haben es geklärt und somit war eine offene Basis geschaffen.

Viele Betroffene sagen, dass sie Ehrlichkeit wichtig finden und dass sie lieber früher darüber reden – denn wenn jemand nicht damit zurechtkommt, dann weiß man auch, dass es nicht der Richtige war.

Wenn man von Anfang an offen damit umgeht, hat jeder potentielle Partner die Chance, sich direkt zu überlegen, ob er so eine Beziehung möchte oder nicht. Wenn man länger warten würde, fühlt sich der neue Partner möglicherweise getäuscht und verletzt.

Immerhin ist es ja wichtig, dass der neue Partner auch dauerhaft mit der Erkrankung umgehen kann. Um unnötige Emotionsbögen zu vermeiden, ist deshalb vermutlich das frühe „Outing" angebrachter. Zumal ja auch viele „Begleiterscheinungen" innerhalb der Beziehung auf Grund der Erkrankung auftreten (Beeinträchtigungen, finanzielle- und Wohn- Situation, Erwerbsminderungsrente und so weiter).

Ich versuche es wertfrei zu betrachten, denn tatsächlich kann nicht jeder Mensch als Partner gut mit einer schweren und sich eventuell verschlechternden Diagnose des Partners oder einer Behinderung anfreunden. Im Endeffekt muss es jeder für sich selbst entscheiden, wann er sich outet. (Das betrifft im Übrigen den Arbeitgeber ebenfalls, aber darum geht es hier nicht). Für mich persönlich empfinde ich es als fair, es bald mitzuteilen. Ich überlege mir immer, wie es mir umgekehrt gehen würde – wann ich es wissen wollte, wenn der neue Partner von einer chronischen Erkrankung betroffen wäre. Ich wüsste es gerne schnell, denn für mich gibt es den wertvollen Menschen nur mit dem Paket und den Umständen und das hat nichts mit Vorurteilen zu tun. Wenn mir jemand nicht gefällt, würde ich mich nicht ein zweites, auf gar keinen Fall ein drittes Mal treffen. Wenn mir der Mensch gefällt, dann möchte ich ihn wiedersehen – unbedingt – ob mit oder ohne Beeinträchtigung; ich würde ihn so oder so annehmen mit seinem Päckchen.

Aber wie gesagt – das muss einfach jeder mit sich ausmachen.

Auf jeden Fall wünsche ich jedem Single, der einen neuen Partner sucht, viel Glück und viel Offenheit und auch MUT!

> **Mythos 1: Mit MS darf man keine Anstrengung haben!**
Das wird leider immer noch vielen MS-Patienten gesagt und sie beziehen dies dann auch auf ihre sexuelle Aktivität. Aber wie schon beschrieben, ist das nicht bewiesen. Außerdem war ich schon immer der Meinung, dass das, was uns Spaß macht - auch wenn es uns anstrengt - nicht so schlimm sein kann.
Ich lebe komplett nach dieser Devise, wenn es meine Tagesform erlaubt.
Der Spaß, die Freude und das Genießen stehen gerade bei Sex im Vordergrund und das sollte sich KEIN MS´ler nehmen lassen.

> **Mythos 2: MS`ler und Behinderte können nicht sexuell attraktiv sein.**
Das wirft ja erst einmal die Frage auf, was sexuell attraktiv, oder auch „sexy" überhaupt ist. Denn es ist mit Sicherheit ein subjektives Empfinden und was ein Glück ist es das.
Ich glaube fest, dass es den geliebten Partner nicht stört, wenn man sich liebt und eine tiefe innige Beziehung hat, dass man eventuell Beeinträchtigungen hat.
Sexuelle Attraktivität hat erst einmal etwas mit der Ausstrahlung des Menschen zu tun, mit seiner Intelligenz und seinem Humor, ob er gepflegt ist und Vieles mehr.
Mit Sicherheit kann man vergessen, dass dieser geliebte Mensch vielleicht in manchen Dingen nicht der „Norm" entspricht. Ebenso wird es keine so große Rolle spielen

müssen, ob der Betroffene „anders" ist und Manches nicht mehr so kann oder schafft. Tiefe Liebe verbindet und da haben diese Dinge keine allzu große Wertigkeit. Wenn doch, ist die Liebe nicht so tief.

➢ **Mythos 3: MS'ler können nicht sexuell aktiv sein.**
Jeder Mensch hat ein Recht auf Sexualität und Intimität.
Auch Behinderte haben dieses Recht und auch sie haben Bedürfnisse, Wünsche und Erwartungen und auch das zurecht!
Egal ob hetero- oder homosexuell, Behinderte können genauso sexuell aktiv sein, wie Nicht-Behinderte.

➢ **Mythos 4: MS'ler im Rollstuhl können keine Erektion bekommen**
MS an sich kann eine Erektionsstörung hervorrufen oder begünstigen. Das ist aber völlig unabhängig davon, ob jemand im Rollstuhl sitzt oder nicht!
Ein äußerlich unversehrter MS'ler kann ebenso Erektionsstörungen haben. Der Rollstuhl ist kein Anzeichen dafür.

➢ **Mythos 5: MS'ler mögen nicht an Stellen berührt werden, an denen sie wenig oder nichts spüren.**
Falls ein MS'ler Empfindungsstörungen oder Schmerzen hat, sollte er dies seinem Sexualpartner RECHTZEITIG mitteilen. Denn nur dann ist es möglich, dass eine Berührung an den entsprechenden Stellen tatsächlich vermieden werden kann. Während der sexuellen Aktivität Schmerzen aushalten zu müssen, ist für beide Partner nicht schön und vor allem nicht sinnvoll. Wenn der Partner die Stellen genannt bekommt, kann er sich darauf einstellen und man kann gemeinsam neue erogene Zonen erkunden. Ansonsten kann jeder MS'ler die gleiche Lust beim Streicheln empfinden wie jeder Gesunde auch.
Außerdem besteht immer die Möglichkeit, etwas Neues auszuprobieren. Deshalb sollte man seine Experimentier-

freude niemals aufgeben; wer weiß, was man noch an sich entdeckt oder entdecken lässt!

➤ **Mythos 6: Behinderte Menschen können nicht genießen.**

Wieso sollte ein MS`ler nicht Lust empfinden können und Zärtlichkeiten, Intimitäten und Sex genießen können?

Bis auf die oben erwähnten Ausnahmen - Schmerzen und Empfindungsstörungen - gibt es überhaupt keinen Grund, sich nicht diesbezüglich mit einem Gesunden vergleichen zu können.

Viele Beeinträchtigte empfinden Zärtlichkeiten sogar noch viel angenehmer und intensiver, da sie im Laufe des MS-Lebens gelernt haben, alles Schöne noch viel bewusster zu genießen. Und auch, jeden Moment, jeden besonderen Augenblick als einzigartig zu betrachten. Außerdem kann unser Körper auch auf tiefgründige Art und Weise sexuelle Lust empfinden. Denn Sexualität ist längst nicht nur das, was der Körper durch Berührungen spürt. Sexualität ist mehr und spielt sich ebenso auf der geistigen mentalen Ebene ab und vermittelt Geborgenheit, Liebe und Vertrauen.

➤ **Mythos 7: Behinderte Menschen können nur langweilig im Bett sein.**

Das ist mit Sicherheit ein großer Irrtum, denn jeder Mensch liebt körperlich und seelisch auf seine ganz individuelle Art und Weise und im besten Fall spielen sich die Sexualpartner aufeinander ein.

Das gilt für Gesunde genauso wie für MS`ler.

Die wahre Liebe besteht, wie oben bemerkt, sowieso aus mehr als nur Berührungen - sie besteht aus mehr als nur reinem Sex.

Das Gesamtpaket macht das „Bett-Erlebnis" aus.

Selbst wenn ein MS`ler auf Grund körperlicher Einschränkungen nicht mehr gewisse Stellungen praktizieren kann, so kann er doch noch sehr viel geben und empfangen.

Auch hier ist Kreativität gefragt, aber auch das Aussprechen dieser Problematik. Die wiederum setzt natürlich Vertrauen und Offenheit voraus, aber ohne diese funktioniert
guter Sex sowieso nicht. „Blümchensex" muss nicht die
Folge von Beeinträchtigungen sein.

➢ **Mythos 8: MS-Frauen können oder sollten keine Kinder bekommen.**
Frauen mit MS können genauso schwanger werden, wie gesunde Frauen. Das liegt, wie bei jeder anderen Frau auch,
an ihrem individuellen hormonellen Zustand.
Bei gynäkologischer „Gesundheit" können MS`lerinnen al-
so genauso schnell schwanger werden, wie ihr ansonsten
gesunden Freundinnen.
Wenn sie allerdings ein MS-Medikament nehmen, müssen
sie dieses eventuell absetzen, bevor sie schwanger werden.
Das ist der einzige Unterschied.
Bei vielen Medikamenten ist es noch nicht ausreichend er-
forscht, ob sie dem Fötus schaden würden. Es gibt aber
noch ein erhebliches Problem: wenn diese Frauen ihr MS-
Medikament absetzen, kommt es LEIDER bei manchen
Frauen daraufhin zu einem oder mehreren Schüben.
Das heißt, sie müssen sich dann eventuell entscheiden, ob
sie das Medikament der MS „zuliebe" wieder nehmen und
somit auf eine Schwangerschaft verzichten. Auf solche Fälle bin ich bei meinen Recherchen leider auch gestoßen. Das
kann nicht jedes Paar gleich gut verkraften und das ist eine
schreckliche Situation.
Andere Frauen können dagegen nach Absetzen ihres MS-
Medikaments problemlos schwanger werden, ohne einen
Schub zu bekommen. In der Regel sind Frauen auch während der Schwangerschaft vor Schüben geschützt, ebenso
wie während der Stillzeit.
Dazu gibt es viele und unterschiedliche Statistiken – verlassen kann sich leider keine Frau darauf. Ich kenne sehr viele
unterschiedliche Situationen von verschiedenen Frauen.

Schwangere mit MS haben auch kein erhöhtes Risiko, dass die Schwangerschaft schwieriger werden würde, als bei gesunden Frauen.

Ob MS lerinnen ein Kind bekommen sollten, das muss jedes Paar für sich selbst entscheiden. Ich kenne noch keine Schwangere, beziehungsweise Mutter, die es bereut hätte. Aber sicherlich muss man auch das individuell sehr genau überlegen. Denn man darf die Belastung durch Kinder nicht unterschätzen. Jedes Paar muss abwägen, ob der MS-Zustand der Frau es zulässt, sich um das Baby kümmern zu können.

Auch später, wenn das Kind heranwächst, ist man als Mutter rund um die Uhr beschäftigt. Das ist bei MS eine ganz sensible Sache. Ebenso, wenn der Mann MS hat: es könnte sein, dass er öfters einmal beim Pflegen und Erziehen des Kindes MS bedingt ausfällt.

Ich persönlich finde es verantwortungsvoll, wenn man sich schon im Vorfeld darum kümmert und für Notfälle ein soziales Hilfs-Netzwerk aufbaut (Großeltern, Freunde, Nachbarn, Tagesmutter und so weiter).

➢ **Mythos 9: MS`ler können keinen Orgasmus bekommen.**

Orgasmen sind kein Privileg von Gesunden.

Auch weibliche und männliche MS`ler können definitiv Orgasmen bekommen.

Es gibt auch hier Ausnahmen und dann ist es wichtig, offen mit dem Arzt zu sprechen und sich gegebenenfalls Hilfe zu holen.

Aber es gibt auch unter völlig gesunden Frauen und Männern genügend Fälle, wo die Orgasmus-Fähigkeit eingeschränkt ist.

Es kann sein, dass einige Frauen andere Wege als den reinen Geschlechtsakt brauchen, um ihren Höhepunkt zu erreichen.

Hierbei ist wirklich jeder Mensch unterschiedlich und hat seine eigenen erogenen Zonen.

Weder die MS, noch ein Rollstuhl sind ein Indikator für fehlende Orgasmen!

> **Mythos 10: MS`lern fehlt der Spaß am Sex und macht sie depressiv**
Statistisch gesehen haben MS`ler nicht weniger Spaß am Sex als Gesunde. Denn auch das ist von Mensch zu Mensch und von Paar zu Paar unterschiedlich und manchmal auch phasenweise verschieden.
Manchmal ist Sex mit einer Beeinträchtigung natürlich anstrengender und auch die Angst vor Impotenz ist groß.
Dies kann wiederum bedingen, dass man sich schon vorher stresst. Aber dieses Problem haben Gesunde teilweise auch.
Sexualität ist ein verletzliches, hochsensibles Gebiet.
Aber wenn sich ein Paar das Gleiche wünscht, ähnliche Bedürfnisse und Erwartungen hat, steht einem spaßvollen und innigen Sex nichts entgegen.

> **Mythos 11: MS`ler haben zu wenig Sex.**
Dies stimmt nur dann, wenn ein Betroffener alleinstehend ist, keinen Sexualpartner hat, oder in einer nicht gesicherten, vertrauensvollen Beziehung lebt.
Das würde aber einem Gesunden erst einmal ähnlich gehen.
Der Unterschied ist dann allerdings, dass sich ein Gesunder ganz anderer und viel mannigfaltigerer Möglichkeiten bedienen kann, einen neuen Partner kennen zu lernen. Denn da er fit ist, Kraft und Energie hat und äußerlich nicht beeinträchtigt ist, kann er sich jederzeit im Getümmel von Partnersuchenden aufhalten. Er denkt vermutlich nicht einmal viel darüber nach, wenn er auf der Suche ist. Ist er einsam, aber gesund – dann hat er diesbezüglich das gleiche Problem, wie der einsame MS`ler.
Ein MS`ler, der in einer guten und festen Partnerschaft lebt, muss nicht zwangsläufig weniger Sex haben, als ein vergleichbar Gesunder. Das kommt dann wieder auf das Paar an sich an.

Falls er Beeinträchtigungen hat, die ihm nicht erlauben, häufigen Sex zu haben, kann es natürlich sein, dass er tatsächlich weniger Sex hat, als ein Nicht-Betroffener seines Alters.

Aber darüber nachzudenken, ist müßig – es hilft niemandem.

➢ Mythos 12: Männliche MS`ler sind nicht zeugungsfähig

Spermien von MS`lern sind nicht zwangsläufig weniger leistungsstark, als bei gleichaltrigen Gesunden.

Vater-Werden muss dementsprechend nicht ein Problem darstellen.

➢ Mythos 13: Behinderte sind beim Sex nicht gleichwertig

Meinen Recherchen zu Folge ist das eines der traurigsten Vorurteile, mit denen tatsächlich einige MS`ler zu kämpfen haben. Mir wurde erzählt, dass davor auch „eventuell zukünftige" Sexualpartner Angst haben.

Das heißt, ein eventuell zukünftiger Partner hätte dieses Vorurteil im Kopf und würde sich deswegen eventuell nicht auf eine Beziehung einlassen. Deshalb ist es wichtig, dieses Vorurteil aus dem Weg zu räumen. Sex bedeutet nicht, miteinander in einen „Bewegungs-Wettstreit" zu treten.

Sex bedeutet ein Miteinander-Schwingen, einen Gleich-Takt, Wertfreiheit und gemeinsames Tun… Das wird dann zur Intimität.

Sobald sich solch ein Wettkampf entfachen würde, ist es meiner Meinung nach sowieso kein lockerer Sex mehr, da der Kopf viel zu sehr mitspielen müsste.

Mein Fazit aus allen Interviews ist, dass es in einer guten innigen und stimmigen Partnerschaft überhaupt keine Rolle spielt, wer der Akteur ist, wer sich mehr bewegt oder Sonstiges. In einer wirklich guten Intimität spielt das keine Rolle.

Auch wenn sich ein Paar neu zusammenfindet und erste Gespräche über eventuell Handicaps geführt hat, sind Sexualität und Beziehung ein ständiger und nie endender Prozess. Dadurch, dass sich auch jederzeit etwas verändern kann, also auch zum GUTEN, lebt man in einer immerwährenden Chance auf Neues, auf neue Nähe und Vertiefung der Beziehung.

Wenn man als Paar festgesellt hat, dass man sich noch immer sehr wichtig ist, sich im besten Falle auch liebt, dann denke ich, dass man neue Wege der Intimität gehen kann. Auch wenn der Geschlechtsakt und vielleicht bekannte Sex nicht mehr so funktioniert, wie man sich das wünschen würde.

Kuscheln, sich in den Arm nehmen, ein Küsschen zwischendurch, eine leichte Berührung, in den Armen des Partners einzuschlafen, sich tief in die Augen zu schauen, viele gute Gespräche miteinander zu führen, zusammen auszugehen, ein tolles Menu zusammen kochen, Freunde einladen und besuchen – all das ist Paar-Intimität.

Diese kann beide Partner weitertragen und für mehr Zusammenhalt sorgen, als der pure Sex an sich. Deshalb möchte ich jeden Leser ermuntern, sich gemeinsam mit dem Partner neue Wege zu überlegen. Und auch, wenn es sicherlich in „frischen" Beziehungen dramatischer erscheint, über solche Themen zu reden oder zu diskutieren, weil man sich noch nicht so vertraut ist, ist es doch bestimmt der bessere, wenn auch mutigere Weg, als sich einzukapseln und zurückzuziehen. Eine Partnerschaft beruht nicht auf Sex, auch wenn es ein wichtiger Bestandteil sein kann. Der WEG ist das Ziel – Nähe im körperlichen und vor allem im geistigen Sinne. Seien Sie mutig und nehmen Sie Ihren Partner mit auf eine neue (Entdeckungs)- Reise und in die Welt der Intimität.

Es ist wichtig, dass wir trotz „Allem" uns selbst treu bleiben.

- ➤ **Ich bin ich!**

*Auch mit chronischer Erkrankung, auch mit Beeinträchtigungen und auch mit entsprechenden Problemen.

Ich kann wachsen und reifen – auch mit einer chronischen Erkrankung oder gerade deswegen!

Ich kann am Leben teilhaben und ich gebe immer mein Bestes!

Ich bin ich – auch mit chronischer Erkrankung, weil ich innen drin ICH bleibe.

Veränderungen … sie passieren so oder so. Und im besten Fall bleibt man nicht stehen, sondern entwickelt sich weiter.

Ich bin Ich.

Ich habe eine chronische Erkrankung!

Ich bin NICHT diese Erkrankung!

Ich bin Ich – inmitten des Sturms.

Und ich gebe alles, um ICH selbst zu bleiben!

Mit der Frage „Wer bin ich?" beantwortet man immer auch die zweite wichtige Frage „Was will ich?". Interessant, oder? So hat man gleich auch noch das vor Augen, was man möchte und was man nicht möchte! Und mit dem Wissen, wer man selbst ist, kann man auch gewisse Entscheidungen treffen – und zwar jene, die auf unseren ganz individuellen Vorstellungen und Bedürfnisse angepasst sind.

Wenn man genau weiß, wer man ist und was man will, dann erkennt man viel schneller, wenn uns jemand beeinflussen oder uns etwas einreden will.

Die Chance, dass aus der einfachen Frage „Wer bin ich?" ein gutes Selbstverständnis und somit auch ein stabiles Selbstvertrauen erwachsen kann, ist hierbei wirklich enorm. Man kann sich selbstbewusst weiterentwickeln und zu einer gefestigten Persönlichkeit werden. Allein nur deshalb, weil man dann seinen eigenen Wert „sehen" und erkennen kann und seine Stärken besser wahrnimmt. Und das ist einfach wundervoll, denn Selbstbewusstsein führt unweigerlich zu Selbstvertrauen – das macht uns unabhängig von der Meinung anderer! Und dadurch wachsen und reifen wir weiter und werden automatisch zufriedener und glücklicher. Auch der Optimismus wächst nun und vor allem gibt dies eine große Sicherheit im Leben.

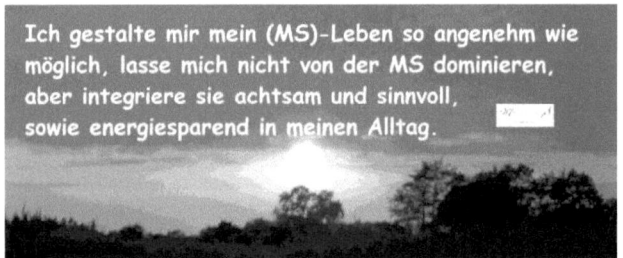

Ich gestalte mir mein (MS)-Leben so angenehm wie möglich, lasse mich nicht von der MS dominieren, aber integriere sie achtsam und sinnvoll, sowie energiesparend in meinen Alltag.

Um bei sich selbst bleiben zu können, braucht man eine gute Eigen-Wahrnehmung und Selbst-Reflektion.

Nicht jeder hat solche Ressourcen – bei manchen gingen sie vielleicht auch verloren - aber man kann sie (wieder-) erlernen.

Was hat das mit Sexualität zu tun?

Ganz viel, denn zu einer gesunden Sexualität gehört auch ein gesundes Selbstvertrauen. Das kommt auf Grund von Beeinträchtigungen oder trüben Gedanken aber leider schnell abhanden. Wenn man in anderen Lebensbereichen mehr Selbstbewusstsein erlangen kann, dann geschieht dies in allen Belangen auf verschiedenen Ebenen – auch bei der Sexualität!

ENERGIE-MANAGEMENT

- Du hast wenig Energie am Morgen.
- Es ist Deine Entscheidung, für was Du sie nutzt.
- Du beginnst den Tag in DEINEM Rhythmus.
- Ich entscheide mich, es zu allererst mir recht zu machen.
Alles andere kostet mich zu viel Energie!

Ich kann damit leben,
wenn das andere nicht verstehen:
Es ist MEIN Leben und
meine chronische Erkrankung!

Multiple-artS.com

*Multiple Sklerose und Sexualität

Verhütung ist ein Thema, das Gesunde und MS`ler gleichermaßen angeht.

Die Empfängnisfähigkeit ist bei Frauen mit MS ebenso wenig eingeschränkt, wie die Zeugungsfähigkeit bei Männern. Deshalb müssen sich Paare mit einem MS-kranken Partner genauso Gedanken über Verhütung machen, wie alle anderen Paare auch.

Für MS`ler sind mehr oder weniger alle handelsüblichen Verhütungsmethoden geeignet.

Ob man sich für eine orale Therapie (Pille), oder örtliche Methoden, wie Spiralen und Diaphragma entscheidet oder noch andere Methoden liebt – das sollte mit dem Gynäkologen und eventuell auch zeitgleich mit dem Neurologen abgesprochen werden.

Zu beachten ist allerdings Folgendes: da manche MS-Medikamente einen Einfluss auf die Körpertemperatur haben können, werden Methoden, die auf einer Messung der Körpertemperatur beruhen, nicht empfohlen.

Hier sind noch Links zu diesem Thema von Texten, die ich geschrieben habe:

http://multiple-arts.com/unsicherheiten-im-umgang-mit-sexualitat-bei-ms/

http://multiple-arts.com/tag/ms-und-sex/

*Darf ich mich vorstellen? Mein Name ist Multiple Sklerose

Mein Name ist Multiple Sklerose, mein Kurzname ist MS und meine Spitznamen sind vielfältig. Von MistStück, über Madame Sabotage, oder …. ist so Einiges dabei. Jeder hat seine eigene Beziehung zu mir und je nachdem, benennt er mich auch.

Die Ärzte, meist Neurologen, nennen mich Enzephalomyelitis disseminata.

Und ich gebe zu, so lang und unmöglich dieser lateinische Name ist, so unmöglich benehme ich mich auch häufig. Es ist meine Lebensaufgabe, sozusagen mein Job, es dem Körper, in dem ich heimisch bin, schwer zu machen. Deshalb mag mich eigentlich auch niemand. Aber irgendeinen Bösewicht gibt es schließlich überall. Und ein Geheimagent bin ich auch, da ich oft im Untergrund arbeite und agiere! In den Diensten der Pharmaindustrie!

Warum es mich gibt, weiß eigentlich so niemand genau. Es wird geforscht und gesucht, aber: so schnell kommt mir niemand auf die Schliche und so lange kann ich wüten. Manche Menschen versuchen, mit Medikamenten, die sehr heftig sind und schwere Nebenwirkungen haben, gegen mich anzukämpfen. Wieder andere sind der Meinung, dass mir einfach nicht bei zu kommen ist und sie verzichten auf Medikamente. Bei manchen helfen sie, bei anderen gar nicht.

Worüber sich aber alle einig sind, ist, dass ich nie schlafe. Ich bin ein Nimmersatt und immer wach. Ich bin nicht immer aktiv, aber ich bin da – mal leiser, mal lauter.

Worüber sich auch alle einig sind ist, dass ich eine entzündliche Erkrankung des zentralen Nervensystems bin. Naja, sollen sie alle noch weiterforschen – ich bin da und zeige das meinem Besitzer auch.

Und weil ich ja kreativ bin, zeige ich auch nicht nur ein Gesicht, sondern tausend Gesichter, die meine Besitzerin Fratzen nennt, weil sie so vielschichtig und gemein sind.

Da ich sehr unberechenbar bin, schlage ich auch bei jedem Besitzer anders zu. Manche verfrachte ich direkt mal in den Rollstuhl, wieder andere lasse ich unter einer chronischen und anfallsartigen Erschöpfung (Fatigue) leiden und dem Nächsten verpasse ich Inkontinenz.

Manche MS-Besitzer sehen gar nicht krank oder behindert aus. Sie sagen dann immer, das sei Fluch und Segen. Fluch, weil man ihnen nicht ansieht, wenn es ihnen so richtig dreckig geht, sie Schmerzen haben oder völlig ausgelaugt sind; Segen, weil sie mich dann manchmal verleugnen können. Aber nur kurz, dafür sorge ich schon!!!

Ich bin wirklich ein Multi-Talent und vielseitig begabt. In der „freien Wirtschaft" würde man mich mit Sicherheit zum Manager befördern. Geheimagent 007 sozusagen!

Ich biete nämlich ALLES: Zittern; Sehstörungen, sogar Erblindung der Augen; taube Gliedmaßen; Koordination- und Gleichgewichtsstörungen; Probleme beim Stehen und Laufen, Inkontinenz, Spastiken; Schwindel; Kribbeln überall; Schmerzen verschiedenster Art; fies brennende Haut; kognitive Leistungsstörungen, wie Erinnerungsverlust, keine Konzentration, Vergesslichkeit und vieles mehr; Kraftlosigkeit; Depressionen; bleischwere Beine (oder auch Arme/Kopf…); Schlafstörungen (zum Beispiel erhöhte Müdigkeit, oder Ein- und Durchschlafprobleme); Sprachstörungen; Gleichgewichtsprobleme, oder ich lasse meine Menschen stolpern und hinfallen. Ich kann auch deren Hände so schwach machen, dass ihnen ununterbrochen etwas aus der Hand fällt. Oder mein Mensch hat das Gefühl, er würde auf Watte laufen, was aber nicht angenehm ist, sondern sehr verunsichernd. Oder er kann keine Kleidung auf der Haut ertragen, weil die Nervenleitungen fehlgeleitet sind und er es als nicht auszuhaltende Einengung mit Schmerzen empfindet. Stechen auf der Haut, das gibt es auch oft…. Oder, was meinen Besitzer sehr plagt, das ist die Reizüberflutung. Er kann einfach nicht mehr so viele Reize gleichzeitig aufnehmen. Er sagt dann immer, dass er „verrückt" würde – naja, er übertreibt, aber ich treibe ihn damit schon in den Wahnsinn. Er sieht dann plötzlich nichts mehr, kann sich kaum noch aufrecht halten. Meine Güte, der stellt sich aber auch an. Muss sich dann immer gleich hinlegen. Naja, da hab` ich meinen Job und Auftrag wohl gründlich erledigt! Ich bin tückisch und einfallsreich und mir fallen auch immer wieder neue Kapriolen ein. Niemand kann sich darauf verlassen, dass ein Symptom so bleibt, wieder weggeht, sondern es wird eher schlimmer!

Und manchen Menschen verderbe ich noch den Spaß beim Sex, weil sie Vieles nicht mehr spüren oder ertragen können!

UND: mich bekommt man niemals mehr los. Wenn ich einmal da war und von dem menschlichen Körper Besitz genommen habe, dann bin ich stur und bleibe. Ein Stubenhocker sozusagen, der als ungebetener Gast sehr aufdringlich ist. Mir gefällt mein Dasein. Oft bringe ich auch noch „Herrn Uhthoff" mit, der gerade bei Wärme sehr heftige Auswirkungen auf den Körper meines Besitzers hat. „Frau Fatigue" habe ich auch immer im Gepäck, das macht es interessanter.

Manchmal habe ich ein klein wenig ein schlechtes Gewissen, weil ich weiß, dass ich meinem Menschen das Leben zur Hölle machen kann. Er leidet. Er leidet, egal ob es sichtbare oder unsichtbare Symptome sind.

Diese Menschen brauchen viel Mitgefühl von Anderen. Wenn sie liebevolle Hilfe, Beachtung und Respekt entgegengebracht bekommen, geht es ihnen etwas besser. Je nach meiner Laune, verhalte ich mich dann still, oder zeige dem Körper doch mal, wer der Herr im Hause ist. Das kann mein Mensch auch niemals abschätzen. Diese Überraschung behalte ich mir für ihn vor. Sicher kann er sich nie fühlen und das macht ihm Angst und macht ihn traurig.

Das ist mir egal, denn ich hinterlasse gerne bleibende Schäden, und Verzweiflung, manchmal gar Traumata.

Auf Eines habe ich aber verzichtet, das habe ich nicht nötig: ich bin nicht ansteckend!!!

Und man kann mit mir auch genauso lange leben, wie ohne mich. Ich mache das Leben des Besitzers nur viel anstrengender: das ist schließlich mein Job und den nehme ich ERNST!

Ich lasse mich auch nicht auf Kleinigkeiten herab – ich bin dominierend und mein Mensch spürt das.

Die Schutzhüllen der Nervenfasern, die ich unwiederbringlich zerstört habe, sind kaputt – da hilft keine Reparatur. Manche knabbere ich nur an – wenn ich gnädig bin.

Mein Mensch muss zur Kontrolle, ob ich wieder etwas Neues zerstört und hässliche Narben hinterlassen habe, ab und zu ins MRT! Aber ich bin schlau: auch dort sieht man nicht immer, wenn ich mal wieder gewütet habe. Mit mir ist es schließlich nicht einfach – das war nicht mein Auftrag! Mein Auftrag bedeutet eine lebenslange Gefangenschaft - gefangen ist der Mensch in seinem Körper mit meinen Zerstörungen.

Was ich noch erwähnen möchte: ich bin nicht „Muskelschwund", ich bin nicht „Irgendwer", ich bin nicht harmlos: ICH BIN MS – im Auftrag des Bösen und wenn es jemanden nicht so sehr erwischt hat, dann darf er sich freuen, denn ich kann nicht überall gleichzeitig sein! Manchmal vergesse ich auch jemanden – aber bitte nicht darauf ausruhen, sonst räche ich mich!

In diesem Sinne,
einen königlichen Gruß,
MS

*SEX und CBD

Bei meinen Recherchen bin ich auch auf das Thema Sex und Hanf gestoßen.

Im Grunde geht es um einen ganzheitlichen Ansatz. CBD kann durch eine Vielzahl von Anwendungen natürlich und diskret in das Sexleben integriert werden.

Auch hier geht es wieder um das Endocannabinoid-System (ECS), das jeder Menschen im Körper hat. Dies ist ein komplexes Netzwerk neurochemischer Signalwege im Gehirn sowie im zentralen Nervensystem (ZNS) und in peripheren Organen. Wenn diese Pfade durch Cannabinoide (die Schlüsselkomponenten der Cannabispflanze) stimuliert werden, kann sich eine Vielzahl von positiven Effekten einstellen.

Wissenschaftler erforschen das Gebiet des ECS`s und der Sexualität und glauben, dass das Endocannabinoid-System tatsächlich eine Schlüsselrolle für die menschliche sexuelle Reaktion spielt. So weiß man, dass beispielsweise bestimmte Rezeptoren eine Rolle bei den „belohnenden Folgen sexueller Erregung und des Orgasmus" spielen, was uns ein weiteres Mal auf die Bedeutung des Endocannabinoid-Systems bei der Förderung von Lustgefühlen verweist.

Verbessert CBD die Sexualität?

Mit freundlicher Genehmigung von https://cbdratgeber.de

„Auch die schönste Sache der Welt ich nicht gefeit vor Schwierigkeiten. Potenzprobleme, Libidoverlust, Schmerzen – all das sind Probleme, die die meisten Menschen in Ihrer Sexualität schon erlebt haben. Zahlreiche Nutzer berichten aber, dass Ihnen CBD zu einer entspannteren und lustvolleren Sexualität verhilft. Offenbar vermag das Hanf-Produkt Nervosität zu lindern, die **Lust auf Sex** zu steigern und so zu einem erfüllteren Liebesleben beizutragen.

Besonders vorteilhaft: CBD ist für beide Geschlechter gleichermaßen geeignet und hat praktisch keine Nebenwirkungen. Das berühmte „Erste Mal" ist etwas Besonderes. Gleichzeitig ist es aber häufig mit Stress verbunden. **Versagensängste**, Sorge vor eventuellen Schmerzen und große Nervosität. Leider treten diese unangenehmen Ängste auch im weiteren Leben regelmäßig im Rahmen der Sexualität auf. Einige Menschen haben gar Angst vor Sex und versuchen daher, die Situation gänzlich zu vermeiden. Lieber keine Sexualität als schlechte Sexualität, so der Gedanke vieler Betroffener. CBD scheint Berichten zufolge dazu beizutragen, die **Entspannung** und den Genuss wieder in den Vordergrund zu stellen. Verantwortlich hierfür ist die stresslösende Wirkung von Cannabidiol.

Gesteigerte Libido dank CBD?

Stress, Alltagssorgen und übersteigerte Erwartungshaltungen sind Gift für unsere Libido. Auf zweierlei Weise verhilft CBD-Öl zu einer **Steigerung der sexuellen Lust**. Einmal durch die erwähnte entspannende Wirkung, denn Stress ist der Lustkiller Nummer Eins. Zusätzlich erhöht Cannabidiol die Ausschüttung der körpereigenen Sexualhormone (u. a. Testosteron bei Männern und Östrogen bei Frauen). Dies führt zu einer weiteren Steigerung der Libido und wirkt sich in jedem Fall günstig auf das Sexualleben aus. Idealerweise sollte das CBD etwa eine Stunde vor dem Geschlechtsakt eingenommen werden. Günstiger Nebeneffekt für Männer: Durch die **gesteigerte Produktion von Testosteron** verbessert sich die Erektionsfähigkeit.

Energie und Ausdauer für beide Geschlechter

Besonders vorteilhaft an CBD: Es entspannt, macht aber in keiner Weise müde oder high. Im Gegenteil: Es steigert die Stoffwechselrate im Körper, wodurch sich die Anwender ausgeschlafen, fit und konzentriert fühlen. Gerade beim Sex profitieren Anwender von der gesteigerten **Aktivität**. Von allen positiven Effekten profitieren übrigens Mann und Frau. Das unterscheidet das Hanf-Produkt von den meisten anderen pflanzlichen Wirkstoffen der **Sexualmedizin**. Die meisten davon verhelfen nur dem Mann zu mehr Standfestigkeit, bei Frauen haben sie teilweise gegenteilige Effekte. Ein weiterer Vorteil: CBD hat keine nennenswerten Nebenwirkungen. Auch das ist beinahe ein Alleinstellungsmerkmal: Praktisch alle pflanzlichen und synthetischen

Wirkstoffe, die die Sexualität fördern, haben mehr oder weniger ausgeprägte Nebenwirkungen."

- https://cbdratgeber.de/news/verbessert-cbd-die-sexualitaet/

*Was ist LIEBE?
Ist Partnerschaft mit MS möglich?

Es ist schön, wenn man die Liebe kennt: sei es die Liebe zwischen Eltern und Kind, oder auch die partnerschaftliche Liebe.

Und es ist schön, wenn man eine Liebe leben kann. Aber nicht allen Menschen ist ein liebevolles Leben gegönnt. Umso mehr sollten wir, die es kennen, diese Form des Lebens genießen und lieben.

Ich hatte gerade meinen 11. Hochzeitstag (Anmerkung: das war 2018) mit meinem zweiten (inzwischen leider verstorbenen) Mann und auch davor durfte ich über 20 Jahre lang eine gute Ehe führen. Mir wurde zwei Mal das Glück zu Teil und das ist ein Geschenk. Noch dazu ist es für mich so wertvoll, da meine MS in beiden Beziehungen eine Rolle gespielt hat: In meiner ersten Ehe schlug die MS zu, als meine Kinder sechs und neun Jahre alt waren. Wir haben es gut gemeistert und bei meiner zweiten Ehe habe ich beim Kennenlernen gleich von meiner MS erzählt.

Single mit MS:

Das ist nicht einfach, denn man fragt sich, wann man es dem neuen Partner am besten sagt und vor allem: Wie reagiert er darauf??? Wieder hatte ich Glück und es spielte einfach keine Rolle und mitten in einem schweren Schub machte mir mein zweiter Mann sogar einen Heiratsantrag! Liebe überwindet Grenzen – in diesem Fall auch körperliche Grenzen.

Aber ist es nicht auch so, dass wir erstens nicht die MS sind, sondern Menschen mit Stärken und Schwächen wie jeder andere auch und dass zweitens auch der andere Partner meist irgendeine „Altlast" bringt? Es treffen einfach zwei Individuen aufeinander…

Zwei unterschiedliche Menschen mit unterschiedlichen Geschichten. Punkt.

Was daraus wird, das ist eine andere Geschichte. ;)

Liebe im Alltag

Gelebte Liebe ist selten einseitig, sie muss im Alltag bestehen und auch hier gehören nun mal zwei Menschen dazu.

Ein Auf und AB, ein Hin und Her; manchmal auch Chaos – im besten Fall aber eine BEZIHEHUNG, ein Miteinander und ein Geben & Nehmen!

Ich möchte diesen Artikel untergliedern in:

- o 1. Info: Was ist Liebe?
- o 2. Gedichte
- o 3. Kindermund

1.   Info: Was ist Liebe?

Liebe ist eine Bezeichnung für stärkste Zuneigung und Wertschätzung.

„Nach engerem und verbreitetem Verständnis ist Liebe ein starkes Gefühl, mit der Haltung inniger und tiefer Verbundenheit zu einer Person (oder Personengruppe), die den Zweck oder den Nutzen einer zwischenmenschlichen Beziehung übersteigt und sich in der Regel durch eine entgegenkommende tätige Zuwendung zum anderen ausdrückt. Das Gefühl der Liebe kann unabhängig davon entstehen, ob es erwidert wird oder nicht. Hierbei wird zunächst nicht unterschieden, ob es sich um eine tiefe Zuneigung innerhalb eines Familienverbundes

(Elternliebe, Geschwisterliebe) oder um eine Geistesverwandtschaft handelt (Freundesliebe, Partnerschaft) oder aber um ein körperliches Begehren gegenüber einem anderen Menschen. Dieses Begehren ist als körperliche Liebe eng mit der Sexualität verbunden, die jedoch nicht unbedingt auch ausgelebt zu werden braucht.).

Liebe wird von der zeitlich begrenzten Phase der Verliebtheit unterschieden." (https://de.wikipedia.org/wiki/Liebe)

Immerhin wird Liebe als Gefühl und Wertschätzung bezeichnet und so, dass sich Liebende einander fördern, helfen und füreinander einstehen. Und Liebe ist kein bewusster oder rationaler Entschluss der Liebenden. Liebe zeichnet sich demnach in Freundschaften und Beziehungen durch emotionale Zugewandtheit und Wohlwollen aus. Das praktische Erleben von Liebe ermöglicht Selbstvertrauen und ist identitätsstiftend.

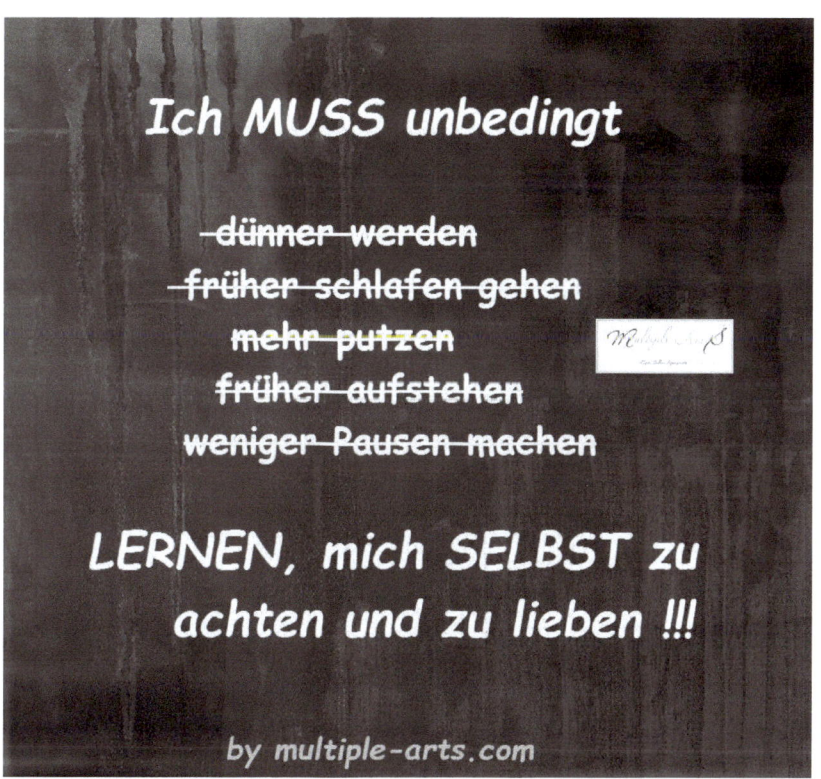

Gedichte:

Was es ist

Es ist Unsinn sagt die Vernunft

Es ist was es ist sagt die Liebe

Es ist Unglück sagt die Berechnung

Es ist nichts als Schmerz sagt die Angst

Es ist aussichtslos sagt die Einsicht

Es ist was es ist sagt die Liebe

Es ist lächerlich sagt der Stolz

Es ist leichtsinnig sagt die Vorsicht

Es ist unmöglich sagt die Erfahrung

Es ist was es ist sagt die Liebe.

Erich Fried

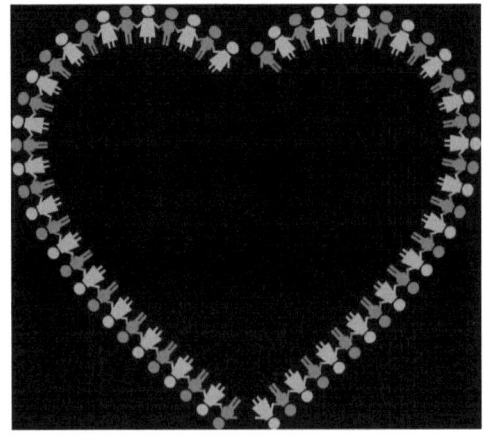

Zitate zur Liebe:

❖ Liebe mich dann, wenn ich es am wenigsten verdient habe, denn dann brauche ich es am meisten.
-Unbekannt-

❖ Es gibt nichts Schöneres als geliebt zu werden, geliebt um seiner selbst willen oder vielmehr trotz seiner selbst.
-Victor Hugo-

❖ Was du liebst, lass frei. Kommt es zurück, gehört es Dir – für immer.
-Konfuzius-

❖ Wenn Du zwei Menschen zur gleichen Zeit liebst, dann wähle den zweiten Menschen. Denn wenn du den ersten wirklich lieben würdest, hättest Du Dich nie in den zweiten verliebt.
-Johnny Depp-

❖ Liebe ist nicht das was man erwartet zu bekommen, sondern das was man bereit ist zu geben.
-Katharine Hepburn-

❖ Liebe ist die stärkste Macht der Welt, und doch ist sie die demütigste, die man sich vorstellen kann.
-Mahatma Gandhi-

Kindermund: Was ist Liebe?

Ich fand bei meinen Recherchen ganz herrliche Sätze im Internet, die Kinder formulierten, als sie gefragt wurden, was sie den unter LIEBE verstehen würden.

❖ „Wenn Dich jemand liebt, sagt er Deinen Namen anders. Du weißt, Dein Name ist in seinem Mund gut aufgehoben". (4 Jahre)

❖ „Liebe ist ein kleiner alter Mann und eine kleine alte Frau, die immer noch Freunde sind, obwohl sie sich doch schon so gut kennen". (6 Jahre)

❖ „Liebe bringt Dich zum Lächeln, auch wenn Du eigentlich traurig bist." (4 Jahre)

❖ „Liebe ist so im Zimmer – an Weihnachten, wenn Du die Geschenke aufmachst und einfach zuhörst." (7 Jahre)

❖ „Liebe ist, wenn Du einem Typen sagst, dass Du sein T-Shirt toll findest, und er es dann jeden Tag anhat!" (7 Jahre)

❖ „Liebe ist, wenn ein Mädchen Parfum benutzt und ein Junge Rasierwasser und sich dann, wenn sie ausgehen, beschnuppern." (5 Jahre)

Für mich ist Liebe:

❖ dass mir mein Mann während eines Schubes einen Heiratsantrag machte, oder dass er mir, als er mich zum ersten Mal im Rollstuhl sah, sagte, dass ich schön aussehen würde.

❖ die Verbindung zu meinen Kindern, Schwiegerkindern und Enkelchen

❖ Enge Verbundenheit zu meiner Familie und meinen Freunden…

❖ tiefe innere Freude, Verbundenheit

❖ die Treue meines Hundes

❖ ein intimes liebevolles Lächeln

❖ die Liebe zur Natur

❖ und tausend andere Dinge ebenso

❖ Nähe und Zärtlichkeit

❖ Verstandenwerden

❖ Hingabe

❖ Der Austausch besonderer Blicke und Vieles mehr…

Vielleicht möchten Sie auch einmal überlegen, was für Sie LIEBE ist – mit all ihren Facetten. Und vielleicht staunen Sie dann, dass Sie sie eventuell schon gefunden haben.

BONUS

Verlieben

Sich sehen und bäääähm…

Noch einmal hinsehen: bäääähm!

Unglaube, weil man sich schon tausend Mal gesehen, aber nie berührt hat.

Berührt… nicht geistig… nicht seelisch….

Da ist sie plötzlich, die Berührung auf mentaler spiritueller Ebene.

Und später… nach einiger Zeit:

DU

„Wo ist Dein Freund?"

Was ein Start!

Essengehen, lachen, erzählen und BÄNG!

Und nochmal BÄNG!

Gibt es sowas?

1000 Mal berührt, 1000 Mal ist nichts passiert.

Und nun?

BÄNG!

Berührung…

Zärtlichkeit…

Seelengleichklang…

Knospen der Verliebtheit…

Panikattacken …

Und immer wieder BÄNG!

Liebevolle Worte…

Behutsames Streicheln…

BÄNG!

Das BÄNG wird zarter, es vertieft sich…

Alles vertieft sich…

Spüren…

Fühlen…

Genießen…

WOW!

Gibt es das?

Ist das passiert?

Ist das echt?

Ein BÄNG voller Staunen, voller Freude, voller Gedanken, voller Lust… und Ängste…

Zarte Knospen… sie wachsen, sie reifen…

Starke tiefe Gefühle…

Knospen, die tragen… die zusammenbinden, die Halt geben – inmitten von Chaos. Und doch sind sie da, diese wundervollen Knospen und sind bereit aufzublühen - **gemeinsam, stark und zart zugleich!**

Der Schnitt:

Nun heißt es abwarten, wohin diese Knospen führen und ob überhaupt…???

SCHLUSSWORT

Bei meinen Recherchen habe ich viele offene Worte gehört und kann jedem Leser nur sagen:

IHR seid nicht alleine!

Dies mag vielleicht nur ein schwacher Trost sein, aber wir MS`ler trösten uns ja auch in unseren Selbsthilfegruppen und MS-Foren gegenseitig, wenn wir von anderen MS`lern hören, dass es ihnen mit diesem und jenem Symptom ähnlich geht wie uns. Wir erfahren dann, dass bestimmte Symptome bei MS „normal" sind und dazu gehören. Dies nimmt uns dann ein klein wenig den Druck.

Aus genau diesem Grund habe ich mich für dieses Thema entschieden. Auf Grund meiner mittlerweile langjährigen Erfahrung als Bloggerin, Autorin und mit vielen MS`lern, als Mitglied in vielen MS-Foren und Gruppen, bekomme ich viel Leid und auch Freude mit.

Viele Menschen haben sich mir anvertraut und somit stieß ich auf das sensible Thema Sexualität. Und Sexualität mit MS ist noch ein viel sensibleres Unterfangen.

Mit meiner Homepage und meiner Facebook-Seite möchte ich über diese schreckliche Krankheit aufklären, möchte Betroffenen helfen und Angehörige ermuntern, sich mit den Symptomen zu beschäftigen. Durch die große Rückmeldung zu meinem ersten Buch „Hallo MS" und meinen anderen Begleitbüchern weiß ich, dass es einer Aufklärung bedarf und dass es Betroffenen auch wichtig ist, sich verstanden zu fühlen und sich wieder zu finden.

Aus diesen Gründen habe ich mich an das Thema Sexualität herangewagt. Wie immer möchte ich niemandem zu nahetreten und auch für mich war es dieses Mal etwas Schwieriger, die richtigen Worte zu finden, zumal ich keine „Geschichten" zu diesem Thema habe und ich mich auf meine Recherchen und Interviews verlassen musste.

Ich wünsche allen Lesern von Herzen alles Liebe und Gute und den Mut zur Offenheit.

Und noch etwas ist mir zum Schluss wichtig: ich habe viele Themen nur angerissen und nicht sehr vertieft oder miteinander verknüpft. Bei den Hauptthemen habe ich mehr Wert daraufgelegt, aber ansonsten würde es das Buch sprengen.

Wer sich für Themen wie Selbstliebe, Achtsamkeit, Selbstbewusstsein und so weiter interessiert, findet in meinen anderen Büchern viel Wissenswertes!

Zum Abschluss noch ein Text, der auch zur Sexualität passt, denn auch beeinträchtigte MS`ler können Spaß und Freude haben, am Sex, am Leben und auch sie „malen" noch bunt!

*Auch zerbrochene Stifte malen noch bunt

Ein wunderschöner Spruch, der in seiner Aussage so viel Schönes und Motivierendes birgt. Ein Spruch, der Hoffnung und Zuversicht weckt.

Ein bunter Stift ist etwas Wundervolles. Kreativität, Zeichnen, sich die Welt bunt malen, Kinder und Leichtlebigkeit – das sind Eindrücke, die in mir hochkommen, wenn ich eine Schachtel voller bunter Stifte sehe.

SORGLOSIGKEIT ist auch eines der Gefühle, die ich noch finde, wenn ich suche.

Sie ist uns in unserem MS-Leben, aber auch im Leben vieler Gesunder, oft genommen worden, oder zumindest reduziert worden.

Diese bunten Stifte lassen mich das Weggespitzte riechen und fühlen, die Kringel sehen, die dabei entstehen und aus denen wir uns als Kinder sogar manchmal noch etwas Kreatives gebaut haben.

Ein Haufen Buntstifte, die alle unterschiedlich sind. Die Lieblingsstifte haben wir besonders oft benutzt und dementsprechend sind sie schon weiter heruntergemalt, mehrfach gespitzt und ganz oft auch eher zerbrochen.

Andere Stifte dagegen liegen fast unberührt in ihrer vollen Pracht neben vielen Stummeln und neben abgekauten und abgegriffenen Stift-Nachbarn.

Übertragen auf unser Leben mit MS bedeutet dieser Spruch der zerbrochenen Stifte, dass wir auch ganz oft zerbrochen waren, oder sind.

Gebrochen sind wir leider manchmal auch.

Zerbrechlich allemal.

Aber selbst, wenn wir zu zertrümmerten, abgenagten und viel benutzen Stift-Resten werden: wir malen noch bunt.

Weil wir leben.

Wir leben und können versuchen, das Beste aus dem zu machen, was uns aus einer Fülle von bunten Stiften geblieben ist: immer noch eine Fülle von BUNTEM, wenn auch nicht mehr in ihrer vollen Pracht. Aber, die Lieblingsstifte, die schon so abgenutzt sind, zeugen ja auch davon, dass sie uns etwas bedeutet und gegeben haben. Sie haben unser Leben verschönt und so möchte ich voller Zuversicht auf meine persönliche Packung bunter Stifte schauen. Ich möchte sie betrachten, Frieden schließen und mir zugestehen, dass manche Farben im Laufe der Zeit vielleicht etwas verblassen, dass manche Stifte kaum mehr benutzbar sind, dass manche Stifte nur noch mit Hilfsmitteln angewandt werden können, aber sie spiegeln uns nach wie vor unsere Farbenpracht, unser buntes, gemischtes und lebenswertes Leben vor.

Sie zeigen uns, dass auch kaputte, zerbrochene Stifte ihren Glanz nicht verlieren.

Auch MS`ler sind auf Hilfsmittel und auch vielleicht auf andere Menschen angewiesen. Menschen, die uns wieder zum Erblühen bringen – Stift an Stift, Farbe an Farbe und ein Farbengemisch, Zerbrochenes und Stumpfes, Reste und Radiergummis – das alles haben wir IMMER mit unserer MS.

Wir müssen versuchen, aus dem, was uns die MS an restlichen BUNTEN Stiften gelassen hat, das Beste zu machen.

Geben wir nicht auf.

Malen wir mutig und farbenfroh und kraftvoll weiter.

Malen wir uns unser Leben bunt.

Auch mit Stiften, die nicht der „Norm entsprechen", sowie mit zerbrochenen und ausgelaugten Stiften – Hauptsache, sie malen BUNT!

Hallo MS; Hallo Leben und Hallo Vielschichtigkeit in allen, wirklich allen Lebensbereichen.

Gebt niemals auf!

DANKE

Wie immer möchte ich mich bedanken, weil es mir ein tiefes Bedürfnis ist! Ohne Dankbarkeit könnte ich gar nicht schreiben und ohne meine treuen Leser*innen und Follower*innen ebenfalls nicht. Deshalb gehört mein DANK allen Lesern meiner Bücher und all jenen, die meinen Blog, meine Facebook-Seite und meinen Instagram-Account so liebevoll begleiten. Sei es als stiller Leser oder als aktiver Follower.

Durch Euer tägliches Feedback bekomme ich ein Gespür dafür, was Euch wichtig ist und genieße jeden Austausch – von dem wir alle profitieren können!

Ich danke weiterhin meinen guten Freundinnen und Freunden, insbesondere bei diesem Buch einem ganz lieben Freund, der mich hier auch mit Ideen unterstützt hat! (K.B.). DANKE! Es ist schön für mich zu wissen, dass ich mich angenommen fühlen kann – wertfrei!

Danke auch an A.D., die mir immer bei meinen Büchern zur Seite steht.

Besonderen Dank an all meine Interview-Partner, die mich so sehr weitergebracht haben und ohne die ich dieses Buch hätte nicht so fundiert schreiben können.

Danke an Jene, die mich in meinem Leben weitergebracht haben!

Adressen / Links

- Adressen findet man im Internet unter der Rubrik „Psycho-therapie".

Kontaktadressen vermitteln auch:

- Pro Familia-Beratungsstellen www.profamilia.de
- www.dmsg.de
- www.amsel.de

Links:

- http://www.netdoktor.at/krankheit/erektile-dysfunktion-impotenz-potenzstoerung-7944
- http://www.msundich.de/fuer-patienten/leben-mit-ms/partnerschaft-und-sexualitaet/
- www.wikipedia.de

Diese Adressen habe ich aus dem Netz und kann keine Garantie geben:

- Bundesarbeitsgemeinschaft Hilfe für Behinderte e. V.
  Kirchfeldstraße 149
  40215 Düsseldorf
  Tel.: 02 11 / 3 10 06-0

- Bundesverband für Körper- und Mehrfachbehinderte e. V.
  Brehmstraße 5-7
  40239 Düsseldorf
  Tel.: 02 11 / 6 40 04-0
  www.bvkm.de

- Bundesvereinigung Lebenshilfe für Menschen mit geistiger
  Behinderung
  Raiffeisenstraße 18,
  35043 Marburg
  Tel.: 0 64 21 / 491-0
  www.lebenshilfe.de

- Interessenvertretung Selbstbestimmt Leben Deutschland e.V.
  (ISL)
  Kölnische Str. 99, 34119 Kassel
  Tel.: 05 61 / 7 28 85-46/-47, Fax: 05 61 / 7 28 85-58
  www.isl-ev.de
- Bundesverband Kleinwüchsiger Menschen und ihre Familien
  e.V.
  Hillmannplatz 6, 28195 Bremen
  Tel.: 04 21 / 50 21 22, Fax: 04 21 / 50 57 52

- Deutscher Behindertenrat (DBR)
  Aktionsbündnis der deutschen Behindertenverbände
  mit jährlich wechselndem Sitz des Sekretariats
  www.deutscher-behindertenrat.de

- Weibernetz e.V. – Bundesnetzwerk von FrauenLesben und
  Mädchen mit Beeinträchtigung
  Kölnische Str. 99, 34119 Kassel
  Tel.: 05 61 / 7 28 85-85, Fax: 05 61 / 7 28 85-53
  www.weibernetz.de

- Mensch zuerst. Netzwerk People First Deutschland
  (www.people1.de)

Bewältigung chronischer Krankheiten und Depressionen / Für Angehörige und Betroffene

BEWÄLTIGUNG einer chronischen Erkrankung, Bewältigung von Depressionen und der Umgang mit diesen: das ist das Thema des Buches. Die Autorin, selbst an MS erkrankt, nutzt ihre Erfahrung als erfolgreiche Bloggerin und den damit verbundenen vielfältigen Kontakten zu chronisch Kranken und bereichert das Buch mit fachlichen Informationen rund um Depressionen, über das Erschöpfungssyndrom (Fatigue), das auch bei vielen Krebspatienten auftritt und über chronische Krankheiten im Allgemeinen.

Sie zeigt Bewältigungsstrategien auf und untermauert diese mit wertvollen pädagogischen Erklärungen und vermittelt somit nicht nur Bewältigungsstrategien für schwer Erkrankte, sondern auch für das Leben an sich!

Ein besonderes Augenmerk liegt auf den Angehörigen chronisch Kranker – ihnen ist ein komplettes Kapitel gewidmet, denn die Erkrankung betrifft auch immer das soziale Umfeld des Betroffenen.

Ein Ratgeber für den Weg zu einem erfüllten Leben, untermalt mit vielen farbigen Fotos und Sprüchen.

Verlag: BoD
ISBN 9783739245331
228 (23 farbige) Seiten

Hanf - Erfahrungen mit CBD!: Infos rund um Cannabidiol, Cannabis & THC

CBD, Cannabis - HANF! Was ist all dies, ist es legal oder illegal? Macht es high oder abhängig? Wie nimmt man es ein? Was bewirkt es? Diesen Fragen widmet sich die Autorin, die selbst seit 2017 täglich CBD-Öl konsumiert, engagiert mit vielen Recherchen. Im Buch findet man alles rund um CBD: Wirkungsweisen und Anwendungsgebiete, sowie viele Infos und Erklärungen. All dies ist gepaart mit ehrlichen Erfahrungswerten. Führ ist aktive Bloggerin im Bereich "Multiple Sklerose" und hat bereits sehr viele Artikel über CBD und die Anwendungsmöglichkeiten geschrieben! Des Weiteren ist sie erfolgreiche Autorin vieler MS-Begleitbücher, sowie Bücher zu pädagogischen Themen. CBD ist ihr "persönliches Wundermittel" und hilft ihr enorm gegen einige Symptome der MS - vor allem gegen die erschöpfende Fatigue!

UNSICHTBARE Symptome

Nach dem erfolgreichen Erstlingswerk „Hallo MS" und dem kleinen Ratgeber „SEXUALITÄT/Tipps bei chronischen Erkrankungen", nimmt sich die Autorin diesmal den „UNSICHTBAREN SYMPTOMEN" der MS (Multiple Sklerose) an. Sätze wie „Du siehst gar nicht krank aus!", oder gut gemeinte Ratschläge, wie „Du musst Dich nur mal ordentlich ausschlafen", kann kein ernsthaft Erkrankter mehr hören. Heike Führ erklärt anschaulich die unsichtbaren Symptome der MS. Ihre Texte sind voller Emotionen, Optimismus, Lebensmut und auch Sarkasmus geschrieben. Sie beschreiben sowohl Betroffenen, als auch Angehörigen in aller Deutlichkeit, warum nicht sichtbare Symptome ebenfalls ein ernstzunehmendes Problem darstellen. Außerdem zeigt sie auf, wie kränkend es für Betroffene ist, wenn man diese Symptome nicht wahrnimmt und ihnen vor allem keinen

Glauben schenkt. Nicht nur für MS`ler und Außenstehende, auch für viele andere chronisch Kranke ist dieses Buch Balsam auf der Seele.

Taschenbuch: 84 Seiten - Verlag: Books on Demand; Auflage: 1 (22. Januar 2015) - ISBN-10: 3734755646

Hilfe Annehmen lernen Abgrenzen & NEIN-Sagen: So macht uns unsere Schwäche stark

Ein Wegweiser für alle, die auch mal NEIN sagen wollen und nicht wissen, ob man Hilfe annehmen kann oder lieber ausschlagen sollte! Möchte und kann ich Hilfe annehmen, wie viel kann ich anderen zumuten und wie steht es mit meiner eigenen Autonomie (Selbstständigkeit), wenn ich Hilfe annehme! Vor allem: Wie kann ich lernen "NEIN" zu sagen? Diesen Fragen widmet sich die Autorin, gibt viele praktische Tipps und Hilfestellungen, erklärt Hintergründe - mit Infos, Grafiken und Texten. Sie nimmt den Leser mit auf die Reise zu einem Leben in liebevoller Abgrenzung - auch mit dem Hintergrund chronischer Erkrankungen. Die Bestseller-Autorin von "Hallo MS" und vielen weiteren Begleitbüchern ist aktive, erfolgreiche und routinierte Bloggerin im Bereich Multiple Sklerose, da sie selbst seit 1994 daran erkrankt ist: Dies macht das Buch so authentisch!

ISBN-10: 3746088445, 9,99.-

HALLO MS

MS: 2 Buchstaben, die eine vermeintlich geordnete Welt von heute auf morgen auf den Kopf stellen". So beschreibt Heike Führ den Tag ihrer Diagnosestellung. Wie sie ihren Alltag mit einer solch tückischen und bislang noch unheilbaren Krankheit meistert, beschreibt sie vor allem mit viel Humor und reflektiert in einer gelungenen Mischung aus

Problematisierung und Relativierung. Nie werden die Herausforderungen der Krankheit geleugnet und doch triumphiert immer ihr optimistischer Kampfgeist und zeigt eindrucksvoll und selbstkritisch ihren eigenen Weg der Lebensfreude. Die Autorin weigert sich zu resignieren und erzählt ihre kleinen Alltagsfreuden, gespickt mit den Unwägbarkeiten, die durch ihre MS-Symptome unweigerlich dabei sind. "Hallo MS": nicht mehr, nicht weniger. Ein Buch, das Mut macht und Hoffnung weckt, das Anteilnahme authentisch vermittelt, Hilfestellung für den Alltag gibt und sowohl Betroffenen, als auch Angehörigen einen Einblick in die emotionale Verfassung eines chronisch kranken Menschen bietet, Ängste und Sorgen aufzeigt, aber dabei immer nach vorne schaut und niemals vor Selbstmitleid trieft. Kurzweilig und sehr alltagsnah - somit für Jedermann interessant.

Erschöpfung: Mit der Kraft am Ende Chronisches Erschöpfungssyndrom, Fatigue, Burnout und Depressionen:
Ein Ratgeber - Wege aus dem Tief

Müde, erschöpft und ausgelaugt? Erschöpfung ist ein häufig auftretendes Symptom, das viele Ursachen haben kann.

Meist tritt Erschöpfung vorübergehend auf - doch was kann man tun, wenn die Beschwerden länger anhalten und über eine "allgemeine Schlappheit/Energielosigkeit" hinausgehen?

Erschöpfung kann auch als Symptom von Erkrankungen auftreten. Woran erkennt man diese? Und was kann man dagegen unternehmen? Die erfolgreiche Bloggerin & Autorin gibt Infos, Tipps, Texte & Impressionen über CFS, Burnout, Depressionen, Fatigue und Erschöpfung!

Die Autorin berichtet u.A. authentisch über die grenzenlose Erschöp-

fung/Fatigue, da sie selbst an MS erkrankt ist, die Fatigue ihr Hauptsymptom darstellt und sie viele Kontakte zu chronisch Kranken hat!
180 Seiten, 9,99€

MS-Handbuch Multiple Sklerose gut erklärt
Für Angehörige & Betroffene

Dieses Handbuch beschreibt Multiple Sklerose sehr anschaulich für Betroffene und vor allem für Angehörige! Mit vielen Infos, Texten und Grafiken erklärt die routinierte Autorin und MS-Bloggerin vor allem die nicht sichtbaren Symptome so angenehm und deutlich, dass es jedem Leser einfach fallen wird, MS und die damit einhergehenden Beeinträchtigungen besser zu verstehen. Denn nur wer gut über die Krankheit der tausend Gesichter informiert ist, kann diese Erkrankung wirklich begreifen. Herzlichen Glückwunsch also, wenn Sie als Angehöriger das Buch in den Händen halten, denn damit zeigen Sie das Wichtigste: INTERESSE! Interesse bedeutet, dass Sie den Wunsch haben, die MS, als auch den Betroffenen besser zu verstehen, Symptome nachvollziehen zu können und somit ein deutlich höheres Verständnis aufbringen zu wollen. Genau das ist für uns das ganz Besondere und wir betrachten es immer wieder als ein Geschenk, wenn wir spüren, dass uns jemand einfach glaubt ohne unüberlegt zu hinterfragen oder etwas in Frage zu stellen.

Intimität ist mehr als Sex –
Wenn SEX zur Nervensache wird…

Kaum ein Gebiet ist so intim, Scham – und Angstbesetzt, wie die eigene und die Paar-Sexualität. Und kaum etwas anderes in einer Beziehung macht uns so verletzlich. Dabei ist Sexualität eine wundervolle Möglichkeit, Nähe zum geliebten Partner herzustellen und zu halten, oder in schwierigen Lebensphasen nicht den „Kontakt" zueinander zu verlieren. Aber besonders wenn ein Paar mit der Diagnose einer chro-
176

nischen Erkrankung, wie z. B. MS, konfrontiert wird, versteht man, wie wichtig es ist, sich gegenseitig zu begreifen. Hier hilft die Autorin mit Ratschlägen, die sie auf Grund vieler Recherchen und Interviews mit an „Multipler Sklerose" - Erkrankten führte. Aber auch für Singles hält die Autorin Vorschläge bereit! Alltagsnah und somit sowohl für „Gesunde" als auch für chronisch Kranke, ist dieses Buch ein Begleiter in Sachen Sexualität. Behutsam wird der Fokus auf das gegenseitige Verstehen und Vertrauen gelenkt und zeigt Gesprächs-Formen auf. Ein kurzweiliger und lebensnaher kleiner Ratgeber, der in keinem Haushalt fehlen sollte.

Taschenbuch: 68 Seiten - Verlag: Books on Demand; Auflage: 1 (24. September 2014) - ISBN-10: 3735793991

Die Reise zum Glück – Der Weg ist das Ziel

Ein Buch für alle Sinne – zum Anschauen und Genießen, zum Verstehen und Lernen.

Der Weg zum Glück –nicht als Wettbewerb, sondern mit Freude und Achtung der eigenen Persönlichkeit.

Dass Glücksempfinden auch mit einer chronischen Erkrankung möglich ist, zeigt Autorin Heike Führ noch zusätzlich mit liebevoll gestalteten Bildern, Zitaten, Texten und vielen wissenschaftlichen Recherchen auf.

Ein Buch für Gesunde ebenso wie für Gehandicapte – Entspannung pur, viele Anregungen und Tipps.

„Der Weg ist das Ziel" könnte das Motto des Buches sein – geht es eigentlich nur um das wahrnehmen der kleinen großen Dinge im Leben.

Buchdaten:

204 Seiten (z. Teil farbig) / Verlag: BoD / ISBN: 9-783739-200897 / 12,99€

Hoffnung - vom Pessimisten zum Optimisten

Das Buch ist eine Fortsetzung des Buches „Die Reise zum Glück", ist aber ebenso getrennt davon lesbar. Es zeigt Wege auf, wie man zu sich selbst findet, sein Selbstbewusstsein stärkt und somit offen für das HOFFEN wird. Die Autorin setzt sich auf vielen Ebenen mit dem Thema Hoffnung auseinander und so ist ein Werk zum Lernen, Genießen und Anschauen entstanden, gewürzt mit vielen fachlichen Infos. Ein Buch für alle Sinne, optimistisch und zukunftsorientiert. Es ist für Gesunde ebenso wie für Gehandicapte geeignet. Entspannung und Bewusstwerden - Das ist das Ziel des Buches. Dafür sorgen Zitate, Energiebilder, eigene Texte und viele Impressionen.
148 Seiten
ISBN 978-3-7431-0181-4

Alltags-Tipps bei MS / Praktische Hilfen

„Alltags-Tipps in vielerlei Hinsicht – das ist die Intention des Buches. Je nach Verlauf und je nach Ausprägung der „tausend Gesichter" der MS wird sich auch der jeweilige Alltag gestalten. Die routinierte Autorin gibt praktische Tipps zu Hilfsmitteln oder Alltags-Situationen ebenso, wie sie mit fachlichen Infos zur Seite steht. Ein Buch zum Lernen und auch Zurücklehnen, zum Schmunzeln und sehr hilfreich mit all den vielfältigen Anregungen. Für MS`ler ist es ebenso geeignet, wie auch für andere körperlich Behinderte.
Lebensnahe auf die Praxis bezogene Tipps bilden den Hauptteil. Sie rundet all dies mit ihren authentischen Texten rund um Behinderungen, wie beispielsweise Multiple Sklerose, ab und hilft damit sowohl Betroffenen, als auch Angehörigen enorm."
Buchdaten:
Autorin: Heike Führ
„Alltags-Tipps bei Multiple Sklerose"
Verlag: BoD, 128 Seiten
ISBN: 9783739224664 / Euro: 7,99.-

Fachbegriffe bei MS:

Dieses Büchlein ist ein Wegweiser durch den Dschungel der medizinischen Fachbegriffe und vor allem durch das Chaos der komplizierten Ausdrücke rund um Multiple Sklerose (MS). Aber auch viele andere chronisch Kranke werden hier ein sehr hilfreiches Nachschlagewerk finden.

Manchmal ist es einfacher, schneller und unkomplizierter, ein kompaktes Büchlein in der Hand zu halten, als sich durch viele verschiedene Bücher oder das Internet zu kämpfen. Deshalb ist das Buch einfach nur als Nachschlagewerk gedacht und befasst sich mit den gängigsten Begriffen rund um die MS. Von medizinischen Wörtern über psychologische Fachbegriffe und sonstige Therapien. Am Ende ließ es sich die Autorin nicht nehmen, noch einmal ein paar eigene Texte hinzu zu fügen. Diese passen perfekt zu ihrem 1. MS-Buch "Hallo MS", das ebenfalls im Rosengarten-Verlag erschienen ist. Außerdem passt dieses Lexikon der Fachbegriffe zu jedem anderen MS-Buch und ergänzt sie um ein Vielfaches.

Taschenbuch: 88 Seiten - Verlag: A.S. Rosengarten-Verlag; Auflage: 1. (3. April 2015) - ISBN-10: 3945015162

Smiley erklärt Kindern MS

**Der komplette Erlös geht an
den Tierschutzverein Santorini e.V.**

Dieses anrührende Kinderbuch beschreibt anhand von dem süßen Mischlingshund Smiley und seinen beiden Freunden Fine und Balou anschaulich und sehr kindgerecht, was Multiple Sklerose (MS) ist. Smiley erklärt äußerst behutsam auf der Ebene des Kindes, wie sich MS äußern kann und wie es einem betroffenen Elternteil oder anderen betroffenen Angehörigen und Freunden mit MS gehen kann. Mit schönen, authentischen Fotos und lustigen Geschichten aus seinem Hundeleben verknüpft er diese Botschaft so zartfühlend und hinrei-ßend, dass Kinder bei der Begeisterung über den Hund Smiley und seine Freunde die Dramatik einer chronischen Erkrankung zwar be-greifen, sie aber niemals als bedrohlich erleben. Die Autorin hat sich ihre jahrzehntelange Berufserfahrung als Erzieherin mit vielen päda-gogischen und psychologischen Weiterbildungen zunutze gemacht und empathisch ein Kinderbuch, das auch gleichzeitig ein Ratgeber ist, geschrieben. Ein Buch, das man auch Erwachsenen zum besseren Verständnis der MS in die Hand drücken kann.

Taschenbuch: 48 Seiten - Verlag: Books on Demand; Auflage: 1 (24. Februar 2015) - ISBN-10: 373476730X

Wieso ist meine Mama immer so müde? Smiley bellt HALLO MS und Fatigue

Dieses Buch ist die perfekte Ergänzung zum Buch "Smiley bellt Hallo MS!".

Smiley erklärt auf der Ebene des Kindes sehr kindgerecht das Symptom "FATIGUE" - die große Müdigkeit bei MS - und beantwor-tet außerdem noch detailliert viele FRAGEN rund um die MS! Farbige Fotos, Zeichnungen und Erklärungen runden das Buch ab und wer sich in Smiley, den süßen Mischlingshund, nicht schon im ersten Buch verliebt hat, wird es spätestens nun nicht mehr schaffen, seinem Charme zu widerstehen. Ein Buch, das nicht nur für Kinder geeignet ist, denn es erklärt so unkompliziert MS und FATIGUE, dass es für Jedermann interessant und informativ ist.

ISBN-10: 3743111608, EURO: 5,99.-

Fragen & Antworten rund um die MS:
Multiple Sklerose einfach erklärt

Die routinierte und erfahrene MS-Bloggerin und Autorin Heike Führ kennt aus unzähligen Gesprächen mit Betroffenen und deren Angehörigen die häufigsten Fragen, die sich zu Beginn einer MS-Diagnose oder im Laufe der Erkrankung auftun.

Und nicht nur Neuerkrankte fühlen sich unsicher - sogar „alte MS-Hasen" stehen immer wieder einmal vor Fragen und können sich ihre Symptome nicht erklären. MS ist die „Krankheit der 1000 Gesichter" und deshalb kann man, selbst wenn man jahrzehntelang MS hat, plötzlich einem neuen Symptom gegenüberstehen oder durch andere Umstände verunsichert sein.

Dieses Buch hilft im Alltag mit MS, beleuchtet alle wichtigen Sachverhalte rund um die MS und bereichert mit Grafiken und den gewohnt humorvollen, deutlichen und sehr authentischen Texten der Autorin, die selbst seit 1994 an MS erkrankt ist.

Was Sie schon immer über MS wissen wollten? Hier finden Sie es!

ISBN-10: 3744883477
EURO: 9,99.-

JUVENILE MS / Kinder mit MS
ISBN: 9 783739 228792

SMILEY – der kleine Frechdachs mag nicht duschen
108 z.T. farbige Seiten
ISBN 978-3-7392-4325-2

„Der Tanz durchs Leben"
284 zum Teil farbige Seiten
Verlag: BoD
ISBN 9783842350564

FREUNDSCHAFT
164 Seiten
ISBN 978-3-7412-3810-9

GEDÄCHTNIS-Störungen / Kognitive Leistungsstörungen bei MS
152 Seiten
ISBN 978-3-8482-2160-8

LOW CARB für UNTERWEGS
84 Seiten, ISBN 978-3-7386-1713-9

LOW CARB VEGETARISCH & schnell
92 Seiten, ISBN 978-3-7412-7127-4

LOW CARB Kuchen, Gebäck, Pralinen & Torten: Süßes: lecker und einfach!
84 Seiten, ISBN-10: 3743190575

Viele weitere Bücher gibt's auf
https://.multiple-arts.com/shop